健康中国视域下大学生终身体育意识培养与身体素质提升研究

阎帅威 著

中国书籍出版社

图书在版编目 (CIP) 数据

健康中国视域下大学生终身体育意识培养与身体素质提升研究 / 阎帅威著. -- 北京：中国书籍出版社，2022.4

ISBN 978-7-5068-8974-2

Ⅰ. ①健… Ⅱ. ①阎… Ⅲ. ①大学生 – 体育锻炼 – 意识 – 研究 – 中国 Ⅳ. ① G807.4

中国版本图书馆 CIP 数据核字（2022）第 056005 号

健康中国视域下大学生终身体育意识培养与身体素质提升研究

阎帅威 著

丛书策划	谭 鹏 武 斌
责任编辑	宋 然
责任印制	孙马飞 马 芝
封面设计	东方美迪
出版发行	中国书籍出版社
地 址	北京市丰台区三路居路 97 号（邮编：100073）
电 话	（010）52257143（总编室） （010）52257140（发行部）
电子邮箱	eo@chinabp.com.cn
经 销	全国新华书店
印 厂	三河市德贤弘印务有限公司
开 本	710 毫米 ×1000 毫米 1/16
字 数	230 千字
印 张	14.5
版 次	2023 年 3 月第 1 版
印 次	2023 年 3 月第 1 次印刷
书 号	ISBN 978-7-5068-8974-2
定 价	78.00 元

版权所有 翻印必究

目　录

第一章　绪　论 …………………………………………………… 1
　　第一节　研究背景及意义 ………………………………………… 1
　　第二节　研究内容与方法 ………………………………………… 3
　　第三节　文献综述 ………………………………………………… 4
　　第四节　健康中国战略解读 ……………………………………… 5
　　第五节　健康中国与大学生健康的关系 ………………………… 7

第二章　终身体育与终身体育意识 ……………………………… 9
　　第一节　终身体育基本知识 ……………………………………… 9
　　第二节　终身体育的科学实施 …………………………………… 21
　　第三节　终身体育与高校体育的关系 …………………………… 27
　　第四节　终身体育意识的基础理论 ……………………………… 41
　　第五节　终身体育意识的培养 …………………………………… 43

第三章　大学生终身体育意识培养 ……………………………… 46
　　第一节　大学生终身体育意识的特征 …………………………… 46
　　第二节　大学生终身体育意识的现状与影响因素分析 ………… 47
　　第三节　大学生终身体育意识培养的策略研究 ………………… 50

第四章　身体素质与大学生身体素质 …………………………… 64
　　第一节　身体素质概论 …………………………………………… 64
　　第二节　身体素质教育 …………………………………………… 65
　　第三节　大学生身体素质的测评 ………………………………… 66
　　第四节　大学生身体素质的现状分析 …………………………… 68
　　第五节　大学生身体素质的改善与提升 ………………………… 69

第五章　终身体育意识与大学生身体素质的关系 …… 71
第一节　终身体育意识对大学生力量素质的影响 …… 71
第二节　终身体育意识对大学生速度素质的影响 …… 74
第三节　终身体育意识对大学生耐力素质的影响 …… 75
第四节　终身体育意识对大学生柔韧素质的影响 …… 76
第五节　终身体育意识对大学生灵敏素质的影响 …… 77

第六章　大学生力量素质训练与提升 …… 79
第一节　力量素质概述 …… 79
第二节　大学生力量素质训练的常用方法与手段 …… 88
第三节　提升大学生力量素质的专项运动训练 …… 97
第四节　大学生力量素质趣味训练 …… 105

第七章　大学生速度素质训练与提升 …… 110
第一节　速度素质概述 …… 110
第二节　大学生速度素质训练的常用方法与手段 …… 118
第三节　提升大学生速度素质的专项运动训练 …… 126
第四节　大学生速度素质趣味训练 …… 134

第八章　大学生耐力素质训练与提升 …… 140
第一节　耐力素质概述 …… 140
第二节　大学生耐力素质训练的常用方法与手段 …… 148
第三节　提升大学生耐力素质的专项运动训练 …… 160
第四节　大学生耐力素质趣味训练 …… 168

第九章　大学生柔韧素质训练与提升 …… 172
第一节　柔韧素质概述 …… 172
第二节　大学生柔韧素质训练的常用方法与手段 …… 180
第三节　提升大学生柔韧素质的专项运动训练 …… 192
第四节　大学生柔韧素质趣味训练 …… 193

第十章　大学生灵敏与协调素质训练与提升 …… 196
第一节　灵敏与协调素质概述 …… 196
第二节　大学生灵敏与协调素质训练的常用方法与手段 …… 202

目录

  第三节 提升大学生灵敏与协调素质的专项运动训练……… 213
  第四节 大学生灵敏与协调素质趣味训练…………………… 216
参考文献………………………………………………………… 220

第一章 绪 论

健康是人民最具普遍意义的美好生活需要,而疾病医疗、食品安全、生态环境污染等则是民生突出的后顾之忧。在2016年8月召开的全国卫生与健康大会上,习近平总书记就明确提出要"将健康融入所有政策,人民共建共享",强调"没有全民健康,就没有全面小康。要把人民健康放在优先发展的战略地位"。党的十九大报告更是将实施健康中国战略纳入国家发展的基本方略,把人民健康置于"民族昌盛和国家富强的重要标志"地位,并要求"为人民群众提供全方位全周期健康服务",这表明健康中国建设进入了全面实施阶段。

第一节 研究背景及意义

一、研究背景

终身体育的形成、发展与我国体育事业的性质有着必然的联系。自新中国成立以来,体育事业就是人民事业中的一个组成部分,是社会主义建设不可缺少的一个方面。最早主持我国体育事业的贺龙同志明确指出"自中华人民共和国成立以来,我国体育运动即明确在以服务于人民健康、经济建设和国防建设为目的。这是我国体育运动历史上的一个本质的改变"。他多次阐述体育运动的作用,指出它是促进人民健康、增强人民体质和充分发扬人的劳动能力的一种积极科学方法,并能帮助培养人们的勇敢、坚毅、机敏、刻苦耐劳、守纪律、乐观和集体主义的优良品质。它是向人民进行共产主义教育的重要手段之一,也是充实人民文化生活的健康的有益活动。

坚持普及与提高相结合的方针,是我国体育事业取得成就的重要原因,从而促使我国的体育运动形成了学校体育、竞技体育和群众体育相互联系的几个方面,而群众体育在我国得到充分的发展,群众体育的对象具有非常大的广泛性,包括了不同年龄段的不同人群,关系到一个民族的体质健康与文明程度,所以它成为衡量我们国家体育水平的一个重要标志。

增强人民体质,提高全民族的素质,是社会主义体育事业的首要任务,因此群众体育的广泛开展为实现终身体育打下实践基础。终身体育要求一个人始终把身体锻炼作为现代生活中不可缺少的重要内容。因此,一个人在一生中经历各年龄段不同的时期,都涉及如何成为一个全面发展的人的问题,也涉及坚持终身体育的问题。

学校是培养人的场所,现代人一般都要经历学校教育阶段,所以学校体育对于形成终身体育思想有非常重要的作用,应为终身体育形成打下基础。

学校的主体是青少年和儿童,通过体育活动促进学生正常生长发育,增强体质,形成正确的姿态和掌握基本技能,促进身体的全面发展,养成锻炼习惯,为终身体育奠定良好的基础,将使在校生终身受益,从而达到全民素质的提高。因此,广泛的群众体育活动,为形成终身体育奠定了实践基础。从发展体育运动增强人民体质到群众体育经常化和普及化,都明确了一个问题,即对每一个人来讲要如何坚持身体锻炼增强体质的问题,无论是何年龄段、何种职业,都面临着对它的选择,以保证使自己身体更加健康、精力更加充沛,以适应社会的发展变化及未来生活的需要,使自己的一生都充满着欢乐与幸福。

总而言之,终身体育为现代人指出了一条保持健康、提高身体素质的必然道路。多年的体育实践充分证明了"生命在于运动"这一点,坚持进行锻炼,人人都能成为终身体育者。

二、研究意义

我们伟大的中华民族,有着悠久的历史,创造了光辉灿烂的文化,为人类社会的发展做出了巨大的贡献,其中也包括了我国体育的理论与实践。

体育作为一种有目的、有意识的社会活动,在人类社会发展的漫长历史长河中,经历了由萌生到发展的过程,与整个社会的发展息息相关。

随着社会的进步,终身体育标志着社会的发展与进步,这种现象的产生本身,就证明了终身体育对社会的发展有着促进作用,也说明社会的发展需要终身体育,这是因为终身体育思想,不是作为一种孤立的思想产生的,有着深刻的社会背景和历史原因。从一个人的生长长河中,从生到死的全过程,始终要自觉地坚持身体锻炼,来满足社会对他提出的时代要求,因此终身体育思想一经提出便显示出强大的生命力。身体锻炼已成为现代生活方式的一个重要标志,全民族都能做到天天坚持身体锻炼,养成自觉的锻炼习惯,反映了一个国家的文明程度,向人们展示了现代人的生活意识,从而促进了社会的进步。

第二节 研究内容与方法

一、研究内容

在21世纪的今天,我国大学生的身体健康水平并没有达到较高水平,反而出现如低头族、电脑族等一系列的代名词,这些就是在讽刺着当今社会的一些现象。如何利用高校的体育教育资源来促进大学生终身体育意识的形成、培养高校大学生体育锻炼习惯成为当前研究的重点。

基于此,笔者认为有必要对高校体育教育的目的、任务及教学指导思想加以统一认识,以利于学校体育教育的顺利开展。就目前高校学生体质的状况,信息化社会的背景及今后社会工作的性质(快节奏、轻体力、少运动、多静坐等),应当使学生充分认识到加强体育锻炼的必要性,即学生在校期间就应加强其对终身体育的认识,借助学校活动来培养学生的体育活动习惯,加强对学生体育意识的培养。

二、研究方法

为了能够全面地了解高校体育教学对大学生终身体育意识培养的

现状。通过查阅论题有关文献,结合当下研究成果进行归纳分析,笔者发现针对高校体育教学现状应从课程设置与课程实施着手。因此,针对体育教育培养现状进行了调查,重点对高校体育教学中学生身体素质的训练与提升展开分析和研究。

第三节　文献综述

在当今的社会,人们的需求不再仅仅局限于温饱层次,对自身的身体健康和体育锻炼有了更多的认识,对体育锻炼也投入了更多精力和时间,以保证自己有一个更加强健的体魄。同时,新闻媒体不断宣传,中国在体育事业上取得傲人的成绩,也让终身体育意识被越来越多的人知道和接受。但是,终身体育意识的研究范围依然不是十分广泛,大多数研究还是对某些群体的研究。

陈超教授在《高校学生终身体育意识的培养研究》一文中提出终身体育能够让个人拥有一个好的身体状况,能够全面提升国民的身体素质,也是实现中华民族伟大复兴的一个基础。因此,发展高校体育教育事业是一个关键的因素,陈超教授在文中建议应该加强师资建设,建立好监督机制,增加在体育教育上的投入,建立较全面的体育训练基础设施。

石俊梅教授在《对培养大学生终身体育意识的策略分析》一文中提出现代高校体育教育对于增强学生的身体素质等有着重要的意义。高校教育不仅让学生有一个好的体魄,更是能够培养大学生终身体育意识。但事与愿违,在社会风气和金钱的作用下,学校把更多的精力放在了如何保证自己的学生出去能够有一份体面的工作,所以不断地加强其他类学科的建设,以便自己的学生所学的专业可以和社会对口,如此也就在体育教育方面落下一大步的差距。

对于青少年而言,参加体育活动对青少年身体素质的积极作用是肯定的,但目前青少年参加体育活动有急剧下降的趋势。外国学者对青少年体育活动的研究发现,青少年体育活动水平有关的因子有社会支持和体育活动的感知能力。社会支持一般来自家人和朋友,社会支持对体育活动具有促进作用。

美国学者对身体素质的研究非常广泛,涉及范围从理论模型的构建,到具体身体素质内容的实验操作。1999年Welk等人依据PRECEDE-PROCEED生态学模型,构建了青少年体力活动模型。[①]这个模型的建立对促进身体素质提高的研究具有重要意义。模型将影响体力活动行为的因素分为前置因素、促成因素、强化因素。前置因素代表体力活动的先决条件,是对有益健康的知识、态度和信念等认知;促成因素是有利于形成或实现体力活动行为的因素,如运动技能掌握情况;强化因素是使体力活动能够达成的环境因素,包括活动场地以及父母、家庭成员、教师等的支持。

日本学者对大学生身体素质的研究涉及大学生生活习惯的方方面面,并非常注重生活方式、行为等对身体素质的影响。例如,德永、桥本关于高中生、大学生、成年人的健康状况和生活习惯的研究表明,大学生的锻炼状况、饮食状况(饮食规律、营养均衡)、睡眠状况(睡眠的规律性、睡眠障碍),相对于高中生和成年人明显紊乱,并且其健康状况和生活习惯是最令人担忧的。

从以上资料的研究现状可以发现,高校的体育教育对当代的大学生的终身教育是一个十分关键的环节,是大学生们养成终身体育观念的一个开始阶段,只有开好了头,大学生们的终身体育才有可能延续下去,让他们真正地爱上体育,甚至成为未来体育教育者和体育事业的推动者,让体育锻炼成为他们生命中的一部分,逐渐地养成终身体育的意识。并且,不断地带动自己的身边人,让更多人可以进行体育锻炼和养成自己的终身体育观念。

第四节　健康中国战略解读

一、健康中国战略的提出

在2015年党的十八届五中全会上,我国首次提出推进健康中国建

---

① Welk, G. J. The Youth Physical Activity Promotion Model: A Conceptual Bridge Between Theory and Practice[J]. Quest, 1999, 51(1): 5-23.

设。在 2016 年 8 月召开的全国卫生与健康大会上,习近平总书记指出,没有全民健康,就没有全面小康,强调要优先发展人民健康,将此放在战略地位,并从战略和全局高度深刻阐述了建设健康中国的重大任务。2017 年 10 月习近平总书记在党的十九大报告中进一步提出实施健康中国战略,人民健康是民族昌盛和国家富强的重要标志。

国家倡导发展健康中国,这并不是一个简单的口号,而是具有深刻内涵的实践战略,要对健康中国战略部署进行深刻的理解,需要立足国情,从当前我国全面建成小康社会的现实情况出发,而且要明晰以下三个认知。

第一,建设健康中国彰显我国战略发展新理念。

第二,建设健康中国要树立"大健康"理念。

第三,建设健康中国是我国现阶段发展的必然要求。

二、建设健康中国的战略意义

国民健康不仅是民生问题,也是重大的政治、经济和社会问题。健康中国建设不仅直接关乎民生福祉,而且关乎国家全局与长远发展、社会稳定和经济可持续发展,从而具有重大的战略意义。

(一)政治意义:体现以人民为中心的发展取向、治国理念和目标的升华

把国民健康作为"民族昌盛和国家富强的重要标志"并置于优先发展的战略地位,扭转了一段时期以来侧重经济增长而忽视环境污染、生态恶化和为之付出巨大健康代价的倾向。经济增长并不一定带来国民健康水平的提升,而是需要以民为本的领导决心和全局性、前瞻性的健康规划,以实现健康与经济社会良性协调发展。健康中国建设体现着国家以人民为中心的发展理念和增进民生福祉的发展取向,指明了未来政策和资源的倾斜方向,是国家治理理念与国家发展目标的升华。

(二)经济意义:健康是最大的生产力,健康业是庞大的民生产业

中国已进入通过提高人力资本提升全社会劳动生产率,实现人口红利从数量型向质量型转换,并助力经济和综合国力持续健康发展的新阶段。鉴于中国 14 亿的庞大人口规模,个体健康指标的改善将汇集为全

社会巨大的健康人力资本提升。微观层面，对于企业而言，维护员工的职业安全和健康也是有效的人力资本投资手段，有助于提升企业生产率和核心竞争力。

（三）社会意义：健康中国的建设关乎社会和谐安定

发展社会保障顺应的是民生诉求，解决的是民生疾苦，化解的是社会矛盾与经济危机，促进的是国家认同、社会公正与全面发展，维系的是社会安定与国家安全。从本质上说，健康中国建设也是保障民生福祉之策，同样关乎社会和谐安定。例如，若看病难、看病贵，因病致贫、返贫现象突出，健康不公平现象普遍，则会酝酿社会矛盾甚至危机；若慢性病、职业病、失眠、抑郁等精神障碍高发，则会降低民众的生活质量，使其难以安居乐业，社会更失安定之基；若突发公共卫生事件得不到及时处置，则会人心惶惶，危及社会和谐稳定；若食品药品安全、环境污染等主要健康危害因素未能加以有效控制，则易引发公众的担忧、不满和社会氛围的趋紧。

第五节 健康中国与大学生健康的关系

一、促进大学生身心健康发展

在社会发展进程中，人们的生活节奏加快，学习压力及竞争压力较大，人们的身体素质每况愈下。"健康中国"思想就在此背景下提出，突出健康对人们发展的重要性。因此，在"健康中国"背景下，大学生体育生活化促进机制的构建，能够以体育生活化模式促进大学生融入体育锻炼过程中，使大学生通过有效的体育锻炼，促进自身新陈代谢，达到增强血液循环、强健身体的目的，进而预防各类疾病对身体的侵害。同时，体育锻炼能缓解学生紧张、焦虑的情绪，为学生展现自我提供了平台，能够增强学生的自信心及意志力，消除不良情绪对学生的伤害，以此促进大学生健康发展。

二、培养大学生体育锻炼终身意识

"健康中国"思想的提出为全民健身、全民体育运动提供了保障,使全民融入体育运动中,发挥体育运动的作用,达到强健体魄的目的。而立足于高校教育层面,大学生体育生活化思想的提出,与"健康中国"思想相贴近,能够推进大学生体育生活化与健康中国等思想的融合,构建大学生体育生活化促进机制,实现高校体育生活化教学模式,加强对大学生的针对性、有效性引领,使大学生在此过程中不仅获取体育信息,也促进大学生体育终身锻炼意识能力的培养,推进高校大学生体育生活化在其中的良好实践与实施。

三、优化高校体育课程教学体系

高校体育课程教学中,"健康中国"背景下大学生体育生活化促进机制构建,具有优化高校体育课程教学体系之功效。首先,将"健康中国"融入体育课程教学中,促进体育生活化教学模式的实施,能够实现体育课程理念及方式方法的革新,达到重构高校体育课程教学体系之目的。其次,在"健康中国"背景下大学生体育生活化促进机制引领过程中,教师与大学生的教学、学习观念都得到了改变,进一步认识到体育生活化对其教学及学习的关键性,并协同一致为体育生活化实践搭建平台,深化教师及大学生思想认知,使教师及大学生成为全民体育运动的支撑力量,带动全民进行体育锻炼,真正达到健康中国之发展目的。

第二章　终身体育与终身体育意识

随着社会的发展和人们健康意识的增强,越来越多的人认识到体育运动的重要性,并逐渐将体育锻炼作为一种提高自身健康水平的重要手段。终身体育思想正是在这种社会背景之下诞生的,反映了人们已经形成了将体育锻炼作为一项终身事业的新型健康观念。本章重点研究终身体育与终身体育意识。

第一节　终身体育基本知识

一、终身体育概论

(一)终身体育概念分析

终身体育指的是一个人终身进行身体锻炼和接受体育教育,总体来说包含了两个方面的内容。

第一,从思想上面说,是指一个人在正确认识和了解体育锻炼之后,在自己的内在需要和体育锻炼的价值的驱动之下,自觉参与到体育锻炼之中,并逐渐形成终身体育的思想。

第二,从行为上面说,是指人们在整个生命的过程中长期进行体育锻炼的行为,即在终身体育思想的引导下,克服人生各个阶段的阻碍因素,坚持进行体育锻炼。

此外,从时间的角度上说,终身体育是一项终身性的事业,贯穿人生的各个阶段;从运动项目上来说,人们可以根据自己的兴趣爱好、身体特征、发展需要等因素灵活确定和调整参加的运动项目;从参与人员来说,包括各个年龄阶段的人群,尤其是青少年;从教育角度上说,能够有效增强人们的体质,丰富人们的精神生活,促进人们整体素质的提升。

(二)终身体育的主要特征

1. 连贯性特征

终身体育的连贯性是从时间的角度来说的,终身体育思想强调体育教育和体育学习的连贯性。终身体育要求体育教育不能仅仅局限在学校范围之内,而是应该在人生的各个阶段随时、随地进行体育学习和体育锻炼。其中,学校体育是终身体育的重要组成和奠基部分,学校体育应该帮助学生形成一定的体育锻炼技能,并通过教育和引导帮助学生形成体育锻炼的思想和习惯,为学生进行终身体育提供思想和能力上的有利条件。但是学校体育教育并不是一劳永逸的,在接受过学校体育教育的基础上,应该持续进行体育学习,不断吸收先进的体育观点和理论,进行先进的体育实践,提高自己的体育技能,将体育学习和锻炼贯穿人生的每个阶段。

2. 生活性特征

一方面,随着越来越多的人将体育运动作为一种提高自身健康水平的手段,体育运动已经成为健康生活的一种象征,终身体育概念的提出有助于引导人们参加到体育运动中来,形成健康的生活方式。另一方面,终身体育在更大程度上实现了体育运动的生活化,简化了体育运动的规则,增加了体育运动的趣味性等,体育运动除了具备最基础的强身健体功能外,还具有了娱乐、交往等功能,逐渐成为人们日常生活中不可缺少的一部分。

3. 过程性特征

过程性特征指的是,终身体育更加强调体育运动的过程,而非最终的结果。一方面,体育锻炼的价值是在人们进行体育锻炼的过程中实现的,没有体育锻炼的过程,就无法实现体育锻炼强身健体、休闲娱乐的价值,体育锻炼也就没有意义。另一方面,体育习惯也是在体育锻炼的过程中养成的,终身体育在很大程度上降低了体育运动的竞争性,将体育运动和人们的生活联系在一起,使每个人都能根据自己的兴趣爱好、发展需要等因素选择适合自己的体育运动,并在长时间的体育运动中潜移默化地形成体育习惯。

4. 自主化特征

终身体育的自主化特征体现在,终身体育的内容、方式、组织形式等都具有很大的灵活性,可以个人自主选择和安排。终身体育贯穿人生的各个阶段,个体的年龄、身体素质、环境、心态等因素都会发生各种各样的变化,所以在各个阶段的体育需求也不尽相同,人们可以根据自己的实际情况,自主决定体育运动的种类以及形式等。

5. 立体化特征

立体化特征是指,终身体育具有立体化的构成结构。从纵向结构上说,终身体育是由婴幼儿体育、青少年体育和中老年体育构成的;从横向结构上说,终身体育是由家庭体育、学校体育和社会体育构成的;从构成人群上说,终身体育的参与者包含教师、学生、家长、管理人员;从价值结构上说,终身体育具有养成良好的体育习惯和发展锻炼能力的价值。

(三)终身体育的具体内容

1. 健身运动

健身运动是指人们为了提高自身的健康水平、增强个人体质而进行的身体锻炼活动。健身运动一般以有氧代谢运动为主,主要目的是增强人们的内脏器官功能,尤其是心脑血管功能和呼吸系统功能,以及发展人们的各项身体素质,如速度素质、力量素质等。

健身运动的选择具有很强的灵活性,会受到健身者的兴趣爱好、年龄状况、身体素质等因素的影响。以不同的年龄阶段为例,一般青少年选择的健身项目有球类运动、田径运动、游泳运动、滑冰运动等,这些运动项目一般具有一定的激烈性,并且趣味性和时尚性的特点也比较明显;而一般中老年人群会选择散步、慢跑、太极拳、健身操等项目进行健身运动,这些运动项目的共同特点一般为激烈程度较低,比较适合中老年人群的身体特征。

2. 娱乐体育

娱乐体育是指具有非常明显的娱乐性质，在达到身体锻炼目的的同时又能够使人们获得娱乐体验、丰富人们的休闲生活的体育活动。娱乐体育丰富的种类以及显著的娱乐性质都决定着它会受到各个年龄阶段人群的广泛欢迎，按照人们参加活动时的身体状态，可以将娱乐体育总结为三大类。

（1）观赏性活动，主要是指人们以间接的方式参与到体育活动中，身体并不直接进行体育活动，如观赏体育比赛、观赏体育表演等。

（2）运动性质不明显的活动，主要是指身体活动状态比较安静、激烈程度比较低的体育活动，如垂钓、棋牌等活动。

（3）运动性的活动。

①眩晕类活动：通过空间和位置的快速、剧烈变化使人们获得刺激感受的体育活动，如游乐场的各种刺激性游园项目等。

②命中类活动：各种发展人们的准确性和稳定性的体育活动，如篮球投篮、足球射门、射箭活动、射击活动等。

③游戏竞争类活动：各种具有游戏竞争性质的活动，如班级、公司的一些团建游戏项目等。

④自然类活动：可以在大自然中进行的体育活动，如登山、徒步等。

3. 医疗与矫正

医疗与矫正体育是指在医生等专业人士的指导之下，针对身体的某些疾病、某些功能障碍等进行的体育锻炼，目的是治疗疾病或者恢复某些身体功能。

目前，医疗与矫正体育被广泛用于医疗健康领域，并取得了显著的成果。除了一些存在健康问题的人可以在医生的指导下进行医疗与矫正体育练习，其他人也可以在咨询医生的情况下，根据自己的需求，选择一些体育内容自行锻炼，以提高自身的健康水平。

4. 格斗体育

格斗体育是指为了发展自身防卫能力和抗击应变能力而进行的体育锻炼活动。格斗体育既具有强身健体的作用，又具有一定的实用价值，发展的能力能够用于日常生活需要。常见的格斗体育项目包括散打、拳击、武术等。

5. 探险活动

探险活动是指为了满足探险心理、探求某方面的知识等而进行的体育活动。探险活动一般在野外进行,具有一定的危险性。在进行探险体育活动之前,应该具备一定的相关知识,并做好探险之前的调研活动和准备活动,防止在不具备现实条件的情况下盲目行动。

常见的探险活动包括长途徒步、自行车旅行、穿越沙漠、穿越丛林或者森林、挑战攀登高峰等。

二、终身体育的形成动因

(一)社会发展的推动

随着社会的发展和科技的进步,社会的生产方式发生了巨大的变化,生产力水平也有了空前的提升。一方面,大机器生产方式代替了人力生产方式,将人们从繁重的体力劳动中解脱出来,生产力水平的提高也为人们提供了更加丰富充足的食物,人们的生活水平显著提升。另一方面,脑力劳动代替体力劳动,人们的身体运动不断减少,同时充足的食物又容易导致人们摄入过剩的营养。此外,生产方式的变快带动生活节奏的加速,人们承担的心理压力不断加大,现代文明给人们带来了各种"文明病""富贵病"。

在这种社会背景之下,身体健康问题逐渐成为一个受到广泛关注的社会问题,无论是个人还是社会,都在采取各种措施增强人们的身体素质,提高人们的健康水平。经过人们的研究发现,体育运动一方面能够弥补人们身体运动的不足,一方面能够消耗人体摄入的过量营养物质,还能够增强人们的体质,改善人们的器官功能,增强人们的适应能力与免疫能力,是现代社会中一种改善人体健康状况的简便有效的方式和手段。随着人们认识的加深,越来越多的人加入到体育锻炼中去,体育锻炼也逐渐成为健康生活的一种象征。

此外,在知识经济的推动之下,人们正在逐渐转变传统的体育观念,树立起全民健身、终身体育的新思想。体育运动已经成为很多人生活中的一个重要部分,很多人也养成了体育锻炼的习惯。终身体育思想从社会实践中被总结提炼出来,又以指导理论的形式被人们应用到社会实践中去,已经成为一种极具影响力的科学体育思想和科学体育实践。

(二)终身教育的衍生

教育是人类社会特有的一种社会现象,是培养人的一种社会活动。国际21世纪教育委员会向联合国教科文组织提交的报告《教育——财富蕴含其中》一文提出,教育应该达到的效果是使人们学会认知、学会做事、学会生存、学会共同生活,教育应该成为一项贯穿人们生命的各个阶段的终身性活动,社会应该是一个学习化的社会。

1965年,联合国教科文组织在巴黎召开了国际成人教育会议,这次会议推动了终身教育在全世界范围内的传播和流行,终身教育迅速掀起一股高潮。随后,随着人们对终身教育研究和认识的加深,终身教育观念逐渐被提出并深受人们的肯定和支持。终身教育不断发展,其覆盖的范围也逐渐扩大。体育作为教育的重要组成部分,又和人们的生活息息相关,也受到"终身教育观"的影响,出现并形成"终身体育"观念。终身体育观念受到俄罗斯、日本以及一些其他联合国成员国的认可,在各国的一致意见下,"终身体育"被载入相关文件。

(三)体育自身的呼唤

体育在诞生之初,一般被认为是上层阶级才能进行的活动,具有鲜明的阶级性质。随着社会的发展和生产力的提高,社会等级制度逐渐消失,人们的物质生活条件得以改善,闲暇时间增多,体育逐渐进入普通人的生活,体育的"普及化"和"自我完善"程度不断提升。

同时,体育的价值也随着体育活动的普及逐渐体现出来。从个人方面来说,体育运动能够强身健体、休闲娱乐,能够促进个人身心的全面发展。从社会和国家角度来说,体育运动能够反映一个国家或者地区人口的素质和精神面貌,能够在一定程度上反映该国家或者地区的发展程度。体育运动的重要价值,决定其必然成为人们生活中一个重要的部分,决定其必然成为社会和国家倡导的一个重要方向。

根据体育运动的目的和作用划分,可以将体育划分为竞技体育、社会体育和学校体育三种。其中,我国在竞技体育的发展上取得了巨大的成就。1984年,我国大学生第一次在奥运会上取得金牌,2008年,我国成为北京奥运会上取得金牌数量最多的国家,仅用24年就实现了竞技体育的飞速发展,成为竞技体育强国。但是和竞技体育的飞速发展形成鲜明对比的是,我国的社会体育却一直处于发展落后的状态。一方面,人民群众对体育运动的认识不足,尚未形成参加体育运动的习惯,全民运动的氛围不足;另一方面,政府对社会体育发展的投入不够,社会体育资源不足,引导力度不够。社会体育的迫切发展需要,决定终身体育思想成为受欢迎的科学体育思想。

三、终身体育的科学基础

(一)生理学基础

1. 新陈代谢

新陈代谢指的是机体和环境之间的物质和能量交换以及生物体内物质和能量的自我更新过程。新陈代谢包含两个部分,分别是合成代谢和分解代谢。前者指的是生命体将从外界摄取的营养物质合成为组成自身的物质,并不断更新自身的组成物质和储存能量的过程。后者指的是生命体将自身的一部分组成物质进行分解,为生命活动提供能量,并将分解的最终产物排出体外的过程。人体的代谢速度越快,合成代谢的优势越明显,则人们的生命力越旺盛。

运动锻炼和人的新陈代谢之间存在着紧密的联系。运动锻炼时,机体有大量的能量消耗,则分解代谢占优势;运动锻炼结束之后,机体需要进行能量补充,则合成代谢占优势,这样身体的合成代谢和分解代谢之间就达到了平衡,有利于维持身体状态的稳定。同时,运动锻炼又加快了身体的代谢速度,提高了新陈代谢的活力,有助于身体的健康。

2. 超量恢复

超量恢复是指机体在承担一定的运动负荷之后,因为能量的消耗产生疲惫,但是在充足的休息和能量补充之后,机体重新恢复,在运动负荷合理的情况下,机体的恢复程度甚至会超过之前水平的现象。

运动锻炼中超量恢复现象的发生对于锻炼者体质的增强和运动能力的提升都有非常重要的促进作用,但是在利用超量恢复规律指导运动锻炼时应该注意以下几点。

(1)在运动强度比较低且运动时间比较短的情况下,运动锻炼对机体产生的刺激比较小,超量恢复的效果比较不明显。对于青少年来说,这种运动方案对于体质的增强和运动能力的提升作用不明显,但是对于老年人来说,可以通过这种运动方案来保持身体状态的稳定。

(2)运动锻炼过程中的间歇时间也是影响超量恢复效果的重要因素。间歇时间过长容易导致超量恢复的效果不明显,间歇时间过短容易导致过度疲劳等现象,有可能对机体产生伤害。一般人们会利用测心率的方式确定间歇时间,如练习者开始休息时的心率为140～170次/分,则等到其心率恢复为100～120次/分时再开始下一次训练比较合适。

(3)应该从锻炼者的实际状况出发,根据其年龄、健康状况、运动基础等因素确定合理的运动负荷,不能因为盲目追求超量恢复效果而导致身体损伤。

(二)心理学基础

1. 终身体育与心理健康

(1)情绪与健康

人的情绪有积极情绪和消极情绪之分,积极的情绪能够对人的生命活动起到积极的推动作用,可以充分发挥机体的内在潜能,提高体力和脑力劳动的效率,保持人体健康;消极的情绪也会对人的生命活动产生消极的影响,抑制人的内在潜能,降低人的工作效率,使人们出现各种健康问题等。

身体锻炼对消极情绪有着良好的调节作用。人们在身体锻炼的过程中能够产生一种叫作脑啡肽的物质,刺激下丘脑,从而使人感受到愉悦和轻松。此外,人们还可以在体育锻炼过程中获得一定的成就感,增强自身的自信心,提高自我评价。因此,之所以要发展终身体育,其中一个原因就是要通过体育活动改善人们的情绪,使人们保持健康的情绪状态。

(2)人格类型或行为特征与健康

科学研究证明,人格是影响人们身体健康的重要因素之一,拥有相同人格特点或者行为特征的人患某同种类疾病的几率会有所增加。

比如,一位叫作弗雷德曼的美国学者曾经对一些心血管病人进行研究,发现他们都存在相似的行为特征,他将这种行为特征起名为"A型行为类型",存在这些行为特征的人通常会有下列这些表现。

①愿意为了获得成功而进行努力。
②竞争意识比较强。
③总是能感受到时间上的紧迫感。
④言行举止比较粗鲁。
⑤表现出过胜的精力。
⑥对人存在敌意。
⑦容易对工作和职业提出过度的保证。

弗雷德曼经过研究认为,"A 型行为类型"是导致这些人患上冠心病的主要原因。

而我国武汉医学院的一些专家也发现,性格比较孤僻的人患上恶性肿瘤的几率更高,而性格比较暴躁的人则更容易患上各种心脑血管疾病。

经常进行体育锻炼能够有效调节人的心理,优化人的性格,帮助人们形成良好的生活习惯,降低因为人格因素带来各种疾病的风险。

2. 身体锻炼的动机

（1）动机的基本含义

动机是推动一个人进行活动的心理动因或内部动力。成为动因的基本要求有三个：其一是能够激发人的行为活动；其二是能够将人的行为引向一定的目标；其三是能够使人的行为维持、增强或者减弱。

（2）引起动机的基本条件

引起动机的基本条件主要包括人的内在需要和外界的环境因素两种。

①需要。需要是指人们因为感受到某种缺乏而希望被满足的心理倾向。需要是人们产生动机的前提条件,如青少年会因为存在身心发展的需要而进行体育锻炼,老年人会因为维持身体健康的需要而进行体育锻炼等。

②环境因素。环境因素是指引起人的动机的个体之外的因素,环境因素是导致人的动机产生的外部原因,对人的动机的出现也有着非常重要的作用。比如,当人生活在周围的锻炼氛围很浓的环境中时,可能会受到环境的影响也参与到运动健身中去,这也是我国之所以发出"全民健身"倡导的重要原因。

3. 不同年龄阶段的人身体锻炼的需要和动机

不同年龄阶段的人进行身体锻炼出于不同的需要,并在该需要的推动下产生了不同种类的动机。其中,缺乏性动机是一种被动型的动机,指的是出于避免某种困境的需求而产生的动机,一旦需要被满足,这种动机就会减弱。丰富性动机是一种主动型的动机,指的是出于想要达成某种成就或者希望探索冒险等主动性需求而产生的动机,需求得到满足之后这种动机不仅不会减弱,还会因为得到激励而增强。

四、终身体育与终身教育

(一)终身教育对终身体育的影响

终身教育指的是人们在一生中所受到的教育的总和,既包括连续的学校教育,也包括在社会或者工作中受到的教育。事实上,人们一生中拥有的大部分知识都是在社会生活或者工作中获得的,这也体现了终身教育的价值和重要性。

终身教育是由教育学家郎格郎在社会现实和社会需要的基础上提出来的,一经提出就受到世界各国的广泛支持和认可。许多国家还根据终身教育理念对本国教育进行了改革,从教育结构、教育内容、教育方法、教育管理、教育研究、教资培训等多个方面,全面贯彻终身教育理念,终身教育对教育展现出越来越大的影响。

在终身教育思想发展日渐完善并且受到越来越多肯定的时候,其涉及的外延也逐渐增大,终身体育思想的提出就是其中最有力的证明。苏联和日本早在20世纪60年代后期—70年代就提出了"终身体育"的相关概念。1968年,苏联中央体育研究所所长克诺布柯夫等人曾经提出"从0岁到100岁锻炼身体"的观点;1970年,日本的早川太芳等人在相关杂志上,对"终身体育"进行定义,并提出了实施"终身体育"的目标以及实施"终身体育"的方案等;1971年,日本文部省召开"从终身体育的角度进一步开发社会体育的咨询会议",显示了日本对终身体育的重视;1976年,联合国教科文组织召开会议,会议以"从终身教育看到的关于青少年教育中的体育运动的作用"为主题进行讨论,并提出了"终身教育为学龄前儿童、青少年、劳动者、家庭妇女、高龄人和残疾人等没有机会参加体育活动的人提供机会"等观点。

在终身教育思想的影响下,终身体育思想逐渐被提出并在各国发展起来,我国受到各国的影响,也意识到终身体育的重要性,从20世纪80年代开始对终身体育进行系统性研究,并在日后提出"体育强国""全民健身"等倡导,推动终身体育在我国的发展。

(二)终身体育在终身教育等因素推动下形成与发展

终身教育是终身体育思想形成的基础,但是终身体育思想在形成和发展的过程中除了受到终身教育的影响,还受到体育自身价值、经济发展状况、人们的生活方式等因素的影响。

从体育自身的价值来说,体育具有增强人们的体质、发展人们的各项功能、促进人们全面发展的作用;从经济发展状况来说,体育的发展离不开经济条件的支持,一方面进行体育运动势必会发生一定的体育消费,另一方面较好的经济条件意味着人们有更多的空闲时间和精力进行体育运动;从生活方式来说,生活方式比较健康的人更愿意进行比较规律的体育运动,而生活方式不健康的人很难将体育运动纳为生活的一部分。此外,体育运动的实施状况还会受到思想观念、社会氛围等因素的影响。只有能够满足上述几种或者至少一种条件的人,才能真正实现终身体育。

理解终身体育需要人们具有大局观念。从时间上说,终身体育是覆盖各个年龄阶段的体育,从婴幼儿时期到老年时期都应该重视体育运动的重要性,选择合适的体育项目来保持机体的正常发展和活动;从空间上说,终身体育不仅仅是学校体育,它还包括大众体育、竞技体育,以不同的特点覆盖不同的人群,最终实现"全民体育"。我国体育事业的发展应该以终身体育为指导,在全社会范围内树立终身体育思想,形成终身体育的氛围,促使更多的人参与到体育运动中去,促进我国体育人口的大大增加。

五、终身体育的发展

随着社会的发展和科学的进步,人们对体育运动的认识不断加深,评价也更加科学,逐渐转变过去单一的评价角度和方式,开始从多个学科、多个层面发掘并肯定体育运动的价值,形成体育多功能观念,为促进终身体育的发展奠定了理论基础。

从生物学的角度来说,体育锻炼有助于增强人们的体质,改善人体各个系统和各个器官的功能,使人体的适应能力和免疫能力提升,提高人们的健康水平。体育锻炼的生物学价值是其最基础也是最根本的价值,尤其是在当今社会背景之下,生产方式的改变使人们普遍身体运动量不足,丰富的加工食品使人们摄入的营养过剩,过快的生活节奏和过大的生活压力使人们的精力被严重消耗,人们更加需要进行体育锻炼来改善自身的健康状况,体育锻炼的价值也更加突出。

从心理学的角度来说,科学研究表明,运动锻炼能够促进人体分泌更多的多巴胺,而多巴胺能够使人获得轻松愉快的情绪体验。所以,进行运动锻炼能够有效改善人们的焦虑、悲伤、愤怒等消极情绪,使人处于积极的情绪之中,促进人们的心理健康发展。

从社会学的角度来说,运动锻炼具有个人和国家两个层面的价值。就个人来说,运动锻炼已经发展出了交往功能,人们既可以将参加运动锻炼作为一种扩大自己的社交圈的途径,在运动锻炼的过程中结识新的朋友,也可以将运动锻炼作为一种朋友交往的形式,在运动锻炼中巩固和发展友谊。就国家来说,当一个国家的大部分居民都形成运动锻炼的习惯的时候,国民的身体素质会显著提升,精神面貌也会显著改善,有利于在全社会范围内形成一种追求健康、积极向上的社会风貌,对于社会的稳定和发展具有重要的意义。

从经济学的角度来说,体育在全社会范围内的发展有助于带动体育经济的进步。参加体育锻炼的人数增多,意味着体育设施、体育用具等体育用品的需求不断增加,能够促进生产的发展;而随着和体育相关的生产、培训等行业的发展,用人的需求量也会增加,能够提供更多的就业岗位。体育在经济上的价值势必会带动更多的人进入体育行业,为终身体育的发展提供了经济方面的理论支持。

从政治学的角度来说,体育事业的发展对于展现国家实力、促进国际交往、增强本国人民的自信心和自豪感都有非常重要的影响。以我国为例,我国作为一个竞技体育强国,在无数国际运动竞技赛事上都取得了令人瞩目的优秀成绩,在世界舞台上展现了中国实力,提高了中国的知名度,增强了我国人民的民族自信心和自豪感。此外,我国在众多国际赛事上的活跃和优秀表现,改变了许多国家对我国的认识和评价,为我们和许多国家建立友好关系奠定了基础,促进了我国国际交往的发展。

体育价值在多个领域、多个层面的突出表现充分展示了体育运动的重要性,为终身体育的发展奠定了理论基础。

第二节 终身体育的科学实施

一、终身体育科学实施的原则

(一)自觉性原则

1. 提出依据

(1)终身性体育锻炼是一个漫长的过程,它不存在任何的强迫性、纪律性,完全依靠锻炼者的自觉。锻炼者必须要在自己的兴趣、爱好、自身需求等内在因素的驱动下,自发地参加到运动锻炼中去,锻炼者的主观因素在终身体育中起着决定性的作用。

(2)除了受到主观因素的影响,终身体育的实施还受到锻炼者惰性和体力的影响。首先,运动锻炼需要体力的支持,锻炼者在锻炼的过程中需要付出一定的体力;其次,运动锻炼需要承受一定的运动负荷,并且要不断突破身体已经适应的负荷,走出身体的"舒适区";最后,运动锻炼还会受到气候、运动场地等因素的影响,如严寒天气等。锻炼者只有拥有锻炼的自觉性,才能体会到运动锻炼的愉悦和成就感,不断克服各种不利因素的影响,坚持进行体育锻炼。

(3)人们在人生的各个阶段的身体条件和身体素质不同,因此适合的体育锻炼项目和体育锻炼内容也不相同。这就需要人们持续学习体育知识,发展新的体育方法和技能,利用科学的理论和方法指导每一个阶段的体育锻炼,满足自身的各种体育需求,持续从体育锻炼中获益。而如果缺乏体育锻炼的自觉性,就很难持续进行体育知识的学习和完善,也很难以科学的方法选择和展开人生各个阶段的体育锻炼,无法顺利获得体育锻炼的益处,终身体育难以实施下去或者体育锻炼的作用大打折扣。

2. 贯彻要求

（1）明确锻炼的目的。能够为终身体育的实施指明方向，有助于坚定人们的锻炼信念，能够使人们感受达成目的的喜悦和成就感，为人们展开下一阶段的锻炼提供充足的动力。因此，在终身体育的实施过程中，首先要做的就是明确锻炼的目的，坚定自身的锻炼目标。

锻炼目的的确定要结合自身的性别、年龄、身体素质、发展需要等，只有符合自身的实际情况，才能取得良好的锻炼效果。比如，超重的人群可以将减肥减脂作为运动锻炼的目的；一些受伤的病患可以进行一定的康复训练，并确定自己的锻炼目的就是促进机体的恢复等。

最基础也是最常见的体育锻炼目的就是强身健体，但是不同人群的强身健体目的也是有所不同的。以不同年龄阶段的人群为例，青少年的强身健体目的主要体现在促进青少年的生长发育、为青少年的学习和生活提供充沛的精力；中年人强身健体的目的体现在，为人生关键时期的奋斗提供充足的体力，保持中年时期的身体健康；老年人强身健体的目的在于，保持身体的健康，延缓衰老的到来，提升自身的活力。

（2）培养体育锻炼的兴趣和习惯。贯彻实施终身体育的自觉性，一方面需要明确锻炼的目的，为体育锻炼提供坚定的决心；另一方面也需要体育兴趣的培养，只有热爱运动锻炼，对体育锻炼抱有兴趣和热情，才能更好地坚持体育锻炼并取得良好的锻炼效果。

培养体育锻炼兴趣的前提是选择一项适合自己并且自己也感兴趣的运动锻炼项目和内容，如青少年可能会对具有游戏、竞赛性质的体育运动产生兴趣；中年人可能会对更加实用、普遍的运动项目感兴趣，如游泳、瑜伽等；而老年人可能会对具有一定的养生价值并且激烈程度不高的运动项目产生兴趣，如太极拳、武术等。在自己感兴趣的运动项目的基础上培养体育锻炼的兴趣，难度会大大降低，成功率会大大提高。

体育兴趣能够有效激发人们实施终身体育的自觉性，但并不是一劳永逸的，随着时间的推移和次数的重复，体育兴趣可能会逐渐淡化甚至消失。这就要求必须要在体育兴趣的基础上，培养体育锻炼的习惯，只有将体育锻炼变成一项自然而然的事情并纳入日常生活中，建立稳固的条件反射，才算是真正建立起终身体育实施的自觉性。

（二）从实际出发原则

1. 提出依据

（1）体育锻炼的项目和内容多种多样，为人们提供了各种选择机会，必须要从自己的实际情况出发，选择最适合自己的运动项目和运动内容，才能为我所用，最大程度上发挥体育锻炼的作用和价值。

（2）个体和个体之间存在着广泛的差别，相同的训练方案在不同人的身上可能会存在着巨大的差别，因此适合别人的未必适合自己，必须要在了解和分析自己的实际情况的基础上，选择最适合自己的运动方案。

（3）终身体育要求锻炼者一生自觉地坚持身体锻炼，锻炼的年龄、时间、自然环境等都处在变化状态，锻炼者必须根据自己的年龄、职业、时间与大自然的变化等实际妥善安排身体锻炼的时间和选择锻炼的内容和方法，这样才能使终身体育坚持下去。

2. 贯彻要求

（1）年龄特点。人们在不同的年龄阶段，身体也处于不同的状态，如青少年时期身体处于快速发展状态，中年时期身体处于发展完全并且比较稳定的状态，老年时期身体处于逐渐衰退的状态。在贯彻终身体育从实际出发原则时，应该将年龄纳入考虑因素，根据人们的身心发展特征确定和调整体育锻炼方案。

（2）身体状况。身体状况是确定体育锻炼内容、方式和运动负荷的决定性条件，必须要在清楚自身身体状况的前提下制订合适的运动方案。比如，体重过高的人群应该尽量避免选择跳绳、快跑等对膝盖伤害较大的运动，因为体重产生的压力会导致膝盖更加容易受伤；而一些患有慢性疾病的人群，如患有高血压的人群等，应该选择一些激烈程度较低的运动，在达到锻炼目的的同时又不会对身体产生较大的刺激；还有一些骨折或者肌肉拉伤的人群，应该暂时停止运动锻炼，防止损伤状况加重，利于机体恢复。

（3）职业特点。职业特点也是影响体育锻炼的重要因素。从运动量来看，不同职业的运动量不同，有的职业运动量较大，如一些以体力劳动为主的职业；有些职业运动量较小，如一些以脑力劳动为主的职业。从运动方式来看，不同职业的运动方式也不相同，如有的职业需要人一直站着，如商场的销售人员等；有的职业需要人一直坐着，如一些办公室工作人员等。应该分析职业特点，了解工作时人们的运动量以及运动方式等状况，再有针对性地确定运动方案，才能取得良好的运动锻炼效果。

（4）自然条件。自然条件是指气候、温度等因素，同样会对人的体育锻炼产生重要的影响。比如，我国东北地区室外的温度较低，在室外锻炼容易引发冻伤、心脑血管疾病等，而我国南方地区夏季的气温较高，在室外锻炼容易导致出汗过多、中暑等。因此，在制订运动方案的时候应该因时、因地制宜，符合自然规律。

（三）全面锻炼原则

1. 提出依据

（1）人体是一个完整的有机体，身体的各个部位和各个器官都是相互联系、相互制约的，单独锻炼身体的某个部位或者某个器官比较容易受到其他部位和器官的影响，难以取得理想的锻炼效果。

（2）全面锻炼有利于人体的平衡发展。人体受到"用进废退"原理的影响，经常锻炼的部位、器官会有明显的发展，如肌肉增大、器官功能增强；而疏于锻炼的部位和器官则会出现"衰退"的现象，如肌肉量逐渐缩小、器官功能下降等。只专注于单一部位或者器官的锻炼，可能会导致身体发育或者发展失衡，不利于机体的全面、平衡发展。

2. 贯彻要求

（1）合理搭配训练内容。运动项目和运动内容不同，对人体的影响也不相同，一种运动项目可能会着重影响或者发展人体的某项运动素质，但是很难促进各种运动素质的共同发展。因此，在制订运动方案时，应该注重选择并搭配运动项目和运动内容，在有所侧重的同时，促进机体的全面发展。

（2）内外锻炼相结合。身体锻炼表面看是由各种明显的动作组成的肌肉活动，实际上它是由身体组织、器官和系统相互配合、共同完成的。因此，选择运动项目时，除了要考虑身体组织的需要和发展，还要了解身体内部的系统和器官，制订内外结合、形神一致的运动方案。

（四）合理负荷原则

1. 提出依据

（1）有机体对运动负荷的适应性。运动负荷是指运动锻炼对机体产生的刺激，人体对运动负荷具有适应性。运动负荷能够刺激机体在能源物质储备、各器官系统结构和机能、神经调节机能等方面的改善，锻炼水平越高，机体能够承受的运动负荷越大，机体各器官、各系统的改善越明显。机体适应能力的增强是一个漫长的过程，必须要根据机体的实际状况，合理确定锻炼负荷。运动负荷过大或者过小，都无法达到理想的训练效果，运动负荷过大，容易造成过度疲劳甚至机体损伤；运动负荷过小，无法对机体产生足够的刺激，不能实现运动能力的提升。运动能力的提升是一个刺激—适应—再刺激—再适应的过程，应该遵循这个发展过程，确定合理的运动锻炼负荷。

（2）人体的超量恢复。超量恢复是指机体在承担一定的运动负荷之后，因为能量的消耗产生疲惫，但是在充足的休息和能量补充之后，机体重新恢复，在运动负荷合理的情况下，机体的恢复程度甚至会超过之前水平的现象。制订合理的运动负荷有助于机体发生超量恢复现象，能够促进锻炼能力的提升和身体素质的增强。

2. 贯彻要求

（1）确定科学合理的运动强度。运动强度是运动负荷的其中一个方面，指的是相同时间内运动对机体的刺激程度，人们一般用脉搏测量法来确定运动的强度。

当运动时脉搏跳动的频率为160次/分，则锻炼强度大约为80%。
当运动时脉搏跳动的频率为140次/分，则锻炼强度大约为70%。
当运动时脉搏跳动的频率为120次/分，则锻炼强度大约为60%。
当运动时脉搏跳动的频率为110次/分，则锻炼强度大约为50%。

科学研究证明，一般人的运动强度在110~160次/分的时候，能够实现较好的运动锻炼效果；当运动强度在50%以下时，取得的锻炼效果不明显；当运动强度在80%以上时，则属于专业的运动训练强度，对普通人来说可能会造成过度疲劳或者运动损伤状况。

（2）确定合适的运动时间。运动时间也是构成运动负荷的一个方面,一般结合运动强度确定。对于青少年来说,可以结合青少年的身心发展特点,选择运动时间较短但运动强度较大的运动方式;对于中老年人来说,可以选择运动时间较长但运动强度较小的运动方式。一般来说,普通人将每次运动的时间设置在1小时左右就能够取得比较明显的锻炼效果。

（3）从身体的实际状况出发。在运动锻炼时,要密切关注自己的身体反应。如果运动之后身体状态良好并且运动能力有所提升,则说明当前的运动负荷比较合理;如果运动之后身体出现反常状况,则说明当前的运动负荷可能过大,对身体产生了不利影响,应该及时进行调整。此外,还要综合考虑自身的体质、健康状况等因素,合理确定运动负荷。

二、终身体育实施内容与方法的选择

（一）明确目的

明确运动健身的目的是选择终身体育内容与方法的前提,终身体育是依据运动健身的目的展开的。

这里的目的既包括长远的、间接的目的,也包括阶段性的、直接的目的。目的就是人们的发展需要,应该根据个人的实际状况确定,必须要有明确的指向性,不能泛泛而谈。比如,以提高身体素质为目的,就要明确发展哪一方面的身体素质,是发展力量素质还是速度素质,更详细一点还要明确发展身体哪一部位的素质,是上肢的力量或者速度素质,还是下肢的力量或者速度素质等。然后才能根据运动锻炼的目的,确定运动锻炼的方案,选择合适的体育内容和方法来达成自己的目的。

（二）讲求实效

参加身体锻炼,要讲究实效,在实践中要注意选择对自己非常合适的锻炼项目,注意项目的特点、作用和实际价值,力求少而精,不必追求表面上的欣赏价值,使自己能在用时很少的情况下达到健身强体的目的。

（三）切实可行

选择体育内容与方法,应该遵从自身的实际状况,不能在违背现实的状况下选择不具有现实可行性的运动锻炼方案。比如,在锻炼时间的选择上,应该选择不和学习、工作相冲突的时间,合理规划出一部分专门用来体育锻炼的时间;在体育锻炼地点的选择上,应该选择符合自己的体育运动内容和方法,并且距离较近的地点等。只有选择切实可行的体育内容与方法,才能维持人们进行体育锻炼的热情,使终身体育得到更好的实践。

(四)因时制宜

体育锻炼的内容和方法应该遵从因时制宜原则,根据不同季节的气候、温度等进行适当的调节。比如,冬天的气温过低并且常常出现雾霾天气,所以可以将冬天的运动锻炼放在室内,但是也可以借助冬天室外的冰雪资源进行滑雪、滑冰等运动;夏天的天气较热,比较适合游泳运动等。

第三节 终身体育与高校体育的关系

一、终身体育与高校体育的密切关系

终身体育与高校体育之间有着紧密的内在联系。首先,终身体育包含高校体育,并且终身体育的发展需要高校体育作为坚实的基础。其次,终身体育也是高校体育的延伸与发展,这表现为终身体育的内容更加丰富、形式更为多样。对于绝大多数并非以体育为终身职业的普通人群,终身体育才是目的,高校体育是为此奠定基础的准备,而高校体育的优劣将直接决定着终身体育的习惯形成和运动质量。从某个角度来说,发展国民终身体育的关键是加强对高校体育的完善和建设。

(一)高校体育是终身体育的基础

1. 高校体育是为终身体育做准备

由于提出终身体育的要求,高校的体育教育逐渐侧重于朝着终身体育的方向发展,为终身体育做准备。

这种准备首先最基本的是通过体育活动促进学生的生长发育、增强

体质；其次是培养学生掌握体育运动的科学方法和理论知识，对体育运动和身体锻炼具有一定的自我发展能力；再次是培养学生的体育爱好和兴趣，并养成其科学锻炼的好习惯，使体育活动逐渐成为学生生活的组成部分。可以说，高校体育如果没有培养学生对体育运动的兴趣，学生没有学会一定的锻炼方法，那么终身体育将成为空谈。高校体育在教学内容上，要增加生活体育、娱乐体育的部分，逐步改变竞技运动项目为中心的局面。要增加体育娱乐健身项目，让学生在校内可以体验体育的乐趣，在校外以及以后更长的人生中都有能力进行体育运动和锻炼身体。

2. 终身体育与高校体育应相辅相成

实现终身体育的另一个重要条件是，家庭体育、高校体育和社会体育实现一体化和一贯化。终身体育是在家庭体育和高校体育奠定的基础之上发展的，特别是高校体育，它们之间的关系应该是相互促进和相辅相成的。比如，高校体育不仅要解决在校期间的教育和学习问题，而且还要着眼未来，尽量将学生当下学习的知识和技能与其日后在社会生活中进行的体育运动相衔接。同时，只有终身体育成为可能，学生在高校期间刻苦学到的知识和技能才更有现实意义。总之，高校体育和终身体育只有在相互呼应、相辅相成的情况下，才能都得到最好的发展，最终实现让每个人在漫长的一生中都能享受到体育运动带来的乐趣和益处。

（二）终身体育是高校体育的延伸与发展

终身体育是以高校体育为根基进行发展和延续的。在高校体育的基础上，终身体育根据不同人生阶段的具体特征和特别需要，进行进一步的延续和拓展。比如，在高校期间进行游泳学习，当进入社会之后，那些尤其喜欢游泳的学生会持续地发展自己的技能，提升动作的有效性、提高速度、学习新的泳姿等，从而将游泳这项运动变为生活的一部分，实现终身体育。因此，在高校体育教育阶段学生是否掌握了科学的体育运动知识和技能，是在未来的人生中能否顺利开展体育运动的重要前提。在某种程度上，终身体育就是高校体育的延伸和发展。终身体育鼓励人们从幼年到老年贯穿整个生命过程都进行体育活动，但并不限制哪种运动方式、运动强度或者运动结果，它强调的是人们在人生的各个时期都应该把体育作为一项生活内容,充分享受体育的乐趣,体验运动带给人的诸多好处。如果说高校体育是对体育运动的"基础教育",那么终身体育就是充分发展个性和长期进行"自我教育"的过程。

(三)高校体育与终身体育都与全民健身息息相关

1. 高校体育为终身体育和全民健身而服务

终身体育强调的是时间概念,全民健身强调的是空间概念,而若想顺利地发展终身体育和全民健身,都需要高校体育打好扎实的体育教育基础。可以说,高校体育直接决定着终身体育和全民健身是否真实可行,也决定了终身体育和全民健身事业发展的质量。因此,高校体育文化的建设至关重要,它在很大程度上决定了我国国民的整体身体素质和运动水平。只有高校体育的教学成功,才能让终身体育和全民健身更加健康地发展。高校体育文化的建设就是要真正做到培养每一名学生找到自己的体育兴趣,掌握相应的体育技能并且养成长期进行体育锻炼的好习惯。这一切,都是终身体育和全民健身的前提。同时,反过来全民健身和终身体育又会对高校体育提出具体而贴合现实生活的要求。比如,它要求高校体育在教学内容和组织方式上,更强调运动的过程而非结果,强调运动的娱乐性、休闲性,减少竞技性、专业性的要求,为终身体育和全民健身的实现做好准备。

2. 全民健身对高校体育的积极作用

近些年来,由于全民健身的兴起,高校体育的发展也得到潜移默化的影响,最直观的是全民健身为高校体育提供了良好的社会环境,为高校体育的改革提供了契机,这从以下几个方面得到体现。

(1)全民健身的提出丰富和完善了高校体育改革与发展的理念。它要求高校的体育工作更贴合实际生活,特别是要更多考虑全体学生的实际需求,为了能够让学生终身地、持续地进行体育运动和发展做出努力。放眼社会环境,如何才能让学生把在高校所学的体育技能与校外的生活做到无缝衔接,如果教学内容只能局限在课堂上,而在实际生活中无法实现,那一定不能算是成功的教学。因此,在全民健身的背景下,体育教学进行了多次非常务实的改革与发展。比如,努力让高校体育与社会体育相衔接,让学生在高校课堂上学到实际有用的体育知识和技能,以便在校外的日常生活中能够顺利实施,从而降低体育运动的门槛和条件,它更强调体育的娱乐性和休闲性,如羽毛球、乒乓球、足球、网球、游泳等,而相对地淡化田径类,更强调趣味性的运动项目。

(2)全民健身要求高校体育以学生身心健康为根本目的。这就更加有利于高校体育以终身体育为发展方向进行改革与发展。这不仅符合学生健康成长的需要,也是对建设健康的高校体育文化的一次推进。全民健身要求高校体育应该更加重视培养学生的健身意识、兴趣、习惯和能力,因为学生只有在自身对体育运动感兴趣的时候,才会真正有可能养成运动习惯,才有动力不断地提高运动技能,才会对体育知识始终保持好奇心,让自己的体育知识和运动技能保持精进的状态。可以说,全民健身的开展更加广泛、深入和持久地影响了高校体育的发展。全民健身对高校体育的个性化发展提出了新的要求,除了掌握有效的体育科学知识以外,它还强调了要满足学生健身锻炼的需求,并且要尽可能做到其内容、手段、方法、形式等的丰富多彩。这就要求高校体育要努力满足不同年龄段的学生对体育运动的不同需要,高校要为学生的身心健康发展提供多样的途径和选择,既尊重学生的个性发展,又能促进学生培养体育兴趣和养成运动习惯。《全民健身计划纲要》里明确指出要以青少年和儿童为重点,这为进一步加强高校体育提供了极好的机遇。在这样的背景下,高校应该把握机遇,努力把高校体育工作提高到一个新水平。

二、终身体育与高校体育的区别

从时间的维度来看,终身体育在各个阶段的目标、内容、方法都是不同的。而高校体育则是针对学生在校期间,为了满足学生的健康成长和学习发展等方面的需要,组织的有计划、有目标、有步骤的教学活动。终身体育和高校体育在目标、内容和方法上具有一定的区别。

(一)终身体育与高校体育在目标上的区别

从目标来看,高校体育具有明确的阶段性要求,是以增强学生的体质和身心的健康发展为核心诉求。而终身体育没有强烈的阶段性痕迹,它是以改善生活方式、提升生活质量、追求健康为目标。终身体育具有普及性、综合性等特点,与高校体育有着明显的差别。

第二章　终身体育与终身体育意识

1. 高校体育的阶段目标和长远目标

高校体育是终身体育的重要组成部分。高校体育的目标属于终身体育总目标的一个分目标，但高校体育的目标又具有其独立性。高校体育的根本目的，是围绕着增进学生的身心健康为中心而开展有关体育知识、技能、习惯等的培育和养成，是有组织、有纪律、有短期目标和长期目标的健身活动。比如，掌握体育知识、运动技能、高校文化、丰富课余活动、调节身心、解除疲劳等都是高校体育阶段性的教学目标，这些也是为终身体育打下良好的基础，为终身体育做准备就是高校体育的一个长远目标。

培养体育兴趣、体育技能和运动习惯属于高校体育的显性目标，而为终身体育做准备则属于隐性目标。高校体育的显性目标就是要帮助学生培养健康强壮的身体，培养积极乐观的生活态度，掌握科学先进的运动理念，这些都是可以通过科学有效的训练方法实现的目标。而培养学生养成终身体育的意识、兴趣、习惯和能力，则相对更加复杂，需要更长的时间和多方面的努力才能够实现。高校体育的阶段性目标和长远目标应该是一个有机的整体，是相辅相成的关系，无所谓谁主谁次。阶段性目标的实现即增进学生健康、增强学生体质、加强学生心理建设等，也是在为长期目标做铺垫，由于在高校体育活动的过程中，学生逐渐体会到积极的反馈会使自己对体育运动产生更多的兴趣，这对培养学生的终身体育意识、兴趣、习惯和能力提供了必要条件，而终身体育的兴趣和追求，也必须是在实现高校体育目的的过程中逐步培养出来。

2. 终身体育的主要目标及其要素

终身体育的目的在于不断提高人们的生活品质，优化生活方式，将健身性、教育性融为一体，以追求终身健康为核心目标。实施终身体育的时候要注意体现终身体育的全民性、自主性、综合性、灵活性、长期性、休闲性等要素。

（1）全民性。终身体育和全民健身相互依存，是时间性和广泛性的集中体现。在过往的体育观念里以能力和规则为重，常常是强调的重点，这就导致在很长的时间里，体育只是属于一部分具有先天体育优势人群的活动。而终身体育强调的是现代体育观，它主张要超越能力与规则的限制，动员全体公民参与到体育运动中来，以享受体育带给人的快乐、健康为目标。终身体育倡导的是每一个普通人都应该有享受体育运动的机会和权利。体育带给人的无差别的快乐和健康是重点。

（2）自主性。终身体育的内在驱动力主要来自人们的自觉和自主意识。它依靠人们已经形成的对体育的需求和习惯来维系，没有强制性和标准化的要求。无论是体育目标的设定，还是体育锻炼的内容、方法、形式，或者最终要达到的锻炼效果和目标，都没有任何约束与限制。人们只需要根据自身的实际情况、按照自己的意愿，自由、自主地做决定，自己掌握过程和评价，只需要对自己负责，满足自我的需求就是目的所在。

（3）长期性。高校体育有明确的时间范围，是指在统一的教学期间内，全体学生共同完成一定的体育活动，达到一定的运动水平。而终身体育没有严格具体的时间要求和限制，它可以是伴随一个人的一生的活动，也可以随时中断，随时开始。但整体上而言，终身体育是指在人生的不同阶段都可以进行体育活动，它不一定是连贯的、持续的、不间断的，但是它鼓励时间的整体长度越长越好，终身体育保持的整体时间越长，个体的身体和心理就越受益。

（4）休闲性。终身体育还具有相当的休闲娱乐的属性。它不追求一定要获得骄人的运动成绩，也不必要达到多高的水平，但是鼓励人们享受体育带来的愉悦、健康的积极体验。

从以上几个方面可以看出，终身体育在目标上与高校体育有明显的不同。终身体育需要高校体育的基础作为支撑，依靠在高校体育阶段形成的体育意识、运动习惯和运动技能，在人生的不同阶段可以进行体育学习和锻炼，修炼品格和意志力，丰富生活方式，提高生命质量。相比较而言，高校体育是严格依据高校教育制度和规范，需要在一定的时间阶段内完成规定的教学任务，达到让青少年学生增强体质、增进健康的目的。简而言之，高校体育与终身体育之间存在阶段性目标与长远目标、显性目标和隐性目标的差异。

（二）终身体育与高校体育在内容上的区别

各个阶段的高校体育内容都是按照相应的教学大纲来执行和要求的，尽管也具有一定的灵活性，但它的灵活性只能体现在一些细节和局部，整体上不能随心所欲地进行。与高校体育不同，终身体育的内容没有明确的规定，也没有必要对终身体育的内容做统一的规定，因为它们本身就具有不同的目标和客观条件。在各个年龄阶段,终身体育的内容差别较大。

（1）婴幼儿时期。适合婴幼儿阶段的活动主要是大量的自然游戏活动,如走、跑、爬、登、滑、滚、戏水、玩球、捉迷藏等。

（2）儿童少年时期。进入儿童期以后,体育活动逐渐过渡到以体育教育为中心,种类开始丰富起来,规则性也变强。这一阶段的少年儿童开始接触游泳、体操、乒乓球、足球等球类活动。随着进入少年时代以及体力、耐力的逐渐增强,体育活动的内容从形式上和技巧上都明显变得复杂和具有挑战性。这个时期也是培养体育意识与运动习惯的重要时期。

（3）青年时期。那些在儿童和少年时期就喜欢做的游戏和运动,经过多年的研习和实践,有些已经变为稳定的运动习惯,从兴趣到习惯,从单纯的玩乐到开始享受体育带来的愉悦和诸多回馈,这是形成终身体育的关键所在。在青年时期如果能够坚持合理充分的体育运动,那么对增进身心健康、保持精力旺盛具有明显的效果,这也是体育运动最直接的目标。对于身体健康的人群来说,青年时期几乎可以从事任何运动项目,羽毛球、网球、乒乓球、高尔夫球、台球、篮球等球类,还有慢跑、马拉松、游泳、爬山等；或者根据自身特征和身体状况,选择相应的运动项目进行调节,如久坐的人群可以选择长跑、游泳、徒步等全身的有氧运动项目。

（4）中年时期。中年是人生健康的转折期。中年也是人生中最辛苦的阶段,无论是来自生活、家庭还是事业的压力,任何一个都足以给健康提出严峻的挑战。比如,社会激烈竞争带来的工作压力,生活作息的不规律,还要照顾年老或者年幼的家人等,这些都需要中年人具有足够的健康资本才能很好地应对。如果没有体育运动的习惯,自身的健康还时不时地亮起红灯,那么健康就会处于"危险"的状况。因此,这个时期的体育运动变得尤其重要。针对中年人的年龄特征及其工作、环境等实际情况,这个时期应该选择强度适中、方便好操作且有趣的运动项目,如散步、走跑交替运动、羽毛球、游泳、自行车、健身器械、太极拳、交际舞等。

（5）老年时期。由于体力逐渐衰退,老年人的体育运动目的以加强保健和延缓衰老为主。强度较大、容易令人兴奋的运动项目要逐渐减少,以免引起身体的不适,反而给健康带来不必要的负担。对于进入老年时期的人来说,既要能做到长期坚持运动与锻炼,同时又要把握好运动方式和运动量,运动时间、形式、频率等都需要因人而异,根据自身的具体情况酌情安排,真正做到让运动成为一项生活内容。老年人尽管体力和精力不如年轻人旺盛,但是在时间方面比年轻人有优势,他们可以灵活安排运动时间,根据自身身体的情况,选择适合自己的运动强度、运动伙伴和时间,只要安排合理,老年人一样可以享受体育运动的愉悦,以及锻炼带给身体的积极作用。适合老年阶段的体育活动包括健步、游泳、广播操、交谊舞、太极拳、郊游、徒步旅行、登山、垂钓、园艺等活动,也包括门球、高尔夫球、乒乓球、网球等球类项目。

需要注意的是,为了实现终身体育的目的,高校体育应该重点提高学生的体育知识、技能和方法储备,这些知识和技能掌握得越多越牢固,就越有利于学生日后养成运动锻炼的兴趣和习惯。在走出校门后,他们会根据环境的变化有更多的应变措施,能够持续不间断地进行体育运动,从而更容易成为终身体育者。

(三)终身体育与高校体育在组织方法上的区别

终身体育具有时空的广延性,而高校体育有明确的时空限制。终身体育的组织形式灵活多样,高校体育主要是以班级的形式开展体育教学、体育锻炼活动。

从时间的维度看,从婴幼儿期便有意识地培养孩子对体育的兴趣和热情,使之逐渐成为一种日常习惯,这是终身体育的重要环节。从空间维度看,终身体育不再局限于在室内还是户外,有器械还是无器械。它可以灵活地自我调控,选择有利的环境条件和设施条件,因此可以说,终身体育有其独特的运作方式。和高校体育相比,终身体育更重视健身方法的应用,强调运动过程本身,强调可以持续地进行。高校体育则会更强调结果,既要让学生体会到体育运动的乐趣和魅力,又要让学生掌握一定的体育知识和技能,如果高校体育只重视让学生享受运动的乐趣,而疏于对体育知识和技能的训练,那么就不能保证日后的终身体育能够在科学有效的前提下进行。也就是说,高校体育在组织教学的时候要考虑到为终身体育做好准备,既要培养学生的体育兴趣,又不能懈怠对体育技能和知识的培养,因此在组织方法上,高校体育要充分考虑到以上的任务和目的。而终身体育的组织形式和方法则具有以下几个特性。

（1）灵活性。在组织方法上，终身体育具有更大的灵活性，只要个人的客观情况允许，那么在内容、手段和方法的选择方面都有很大的空间，可以充分尊重自身意愿，选择最符合自身利益与需求的组织方法进行。

（2）自主性。终身体育强调的是能够贯穿一生持续地进行体育活动，但它是自发自愿进行的，因为没有任何的强制或者勉强的性质，自主性是终身体育的一大特点。可以说，终身体育的驱动力更多来自兴趣和意愿。因此，在早期的体育培养和高校体育中，培养兴趣非常重要，兴趣是激发人们行为的最大推动力之一，具有一定的体育运动兴趣，就会有持续的动力将终身体育进行下去。

三、高校体育文化对学生终身体育观念及态度形成的影响

终身体育具体地讲就是提倡人们终身接受体育教育、进行体育学习和养成体育运动的良好习惯。它是由生命的发展规律、身体锻炼的效果和所在社会的现实发展所决定的，是在当代终身教育思想的影响下形成的。科技革新为社会发展带来的巨大演变，以及社会文明的不断进步，这些都极大地改变了人们原有的认知和生活方式。人们必须从方方面面去努力适应这一系列的变革。

（一）终身体育观念要从高校体育文化做起

随着社会经济程度的发展，人们的生活水平得到空前的发展，一方面，当代社会对人体生命质量也提出更高的要求，在温饱得到解决之后，人们的需求层次很快地走上新的台阶，希望过更有质量的生活，希望自己的生命体验更加丰富和精彩，希望在休闲娱乐中也能得到更好的体验；另一方面，现代文明在带给人们便利优渥的生活之外，也给人们带来因社会急速发展而产生的诸多压力和挑战，这对人们的身体素质和健康水平提出更高的要求。越来越多的人因不能应对工作与生活中的压力而出现精神、心理或者身体方面的疾病，对正常的生活造成极大的消极影响。最后，还有一个很重要的方面，由于物质的极大丰富，人们的生活水平直线提高，而人们的生活方式还没有及时进行跟进，这就导致了有很多现代人患上多种由于营养过剩而运动锻炼很少的"富贵病"。这一切都指向人们对体育运动与健康锻炼的迫切需求。如前所述，高校

体育是决定国民运动水平和身体健康状况的重要根据地,因此高校体育文化的意义与价值便凸显出来。

终身体育强调不同年龄阶段的人都有进行身体锻炼的需要,而且是一种在一生中不断交替进行的过程。可以说,终身体育观念是终身教育观念和可持续发展观念在体育教育领域中的科学结合以及有机统一。终身体育是现代教育、体育与现代人生观的完美融合与自觉渗透。生命不息,运动不止。体育运动本来就应该是伴随人一生的生活内容之一,也许是受到社会文明发展不同阶段的影响,在某些时期会因为忙于生产或者生存而忽略了运动的重要性。但是随着时代的进步,并且在今后很长的一个时期,强调运动与健康都会是教育和生活的重要内容。终身体育的概念由此应运而生。而要发展终身体育,首先应该从教育抓起,高校体育需要发挥出重要作用和价值。

（二）高校体育文化为培养终身体育的努力

1. 首先从观念入手

我国高校体育发展的总目标是增强学生体质,促进学生的全面发展。通过体育教育培养学生的积极进取意识,养成对体育运动的兴趣、习惯,从而为终身体育奠定基础。然而,学生运动习惯的养成仅仅靠掌握体育技巧是很难实现的,它还需要高校体育文化的熏陶、浸染和潜移默化的改变,让学生从意识层面对体育运动有科学、理性的认识,在身体层面对运动有切实的偏好和兴趣,只有这样才能让终身体育的实现变为可能。高校体育文化不仅要督促学生掌握与自己的运动需要和运动偏好相匹配的运动技能,不断提高自身的运动素养,还应该为培养学生终身体育的思想观念打下必要的、良好的基础。

2. 培养对体育运动的兴趣

为了更加适应现代社会发展对人才培养的需求,也必须以树立终身体育思想为主导思想,立足于将高校体育的近期效果和长远发展相结合,注重培养学生的运动兴趣、意识、习惯和能力,这是推动高校体育与终身体育顺利接轨的重要理念。高校的体育文化应该首先从培养学生对体育的兴趣开始努力,兴趣是最好的老师,一旦学生开始自发地被体育运动吸引,开始自觉地在体育运动方面投入时间和精力,并且也不断地从体育运动中得到乐趣和满足感,那么对培养终身体育的观念和习惯就会达到事半功倍的效果。

3. 明确体育运动的意义和价值

当学生逐渐对体育产生兴趣之后,会不知不觉地增加运动的次数,不知不觉地想参加更多的校内外体育活动,这些都是形成体育运动习惯的良好开端。但是一开始的兴趣更多地属于感性范畴,若想长期进行体育运动,克服运动过程中遇到的各种障碍,必须从理性上明确体育运动的意义和价值。提高对体育运动的理性认识,可以让自身的体育运动更具目标感和时效性。比如,自觉地了解与自己的运动兴趣相关的知识、信息和技能,在参与高校的体育教学中更具主动性,高校体育应该努力为学生打造这样的学习环境和学习氛围,鼓励学生探索体育运动的知识和技能。体育教师也应该积极回应学生的学习热情,耐心帮助学生解答问题和疑惑,引导他们掌握科学的运动方法。

4. 创造更多体育实践的机会

人的观念、意识是在大量实践的基础上,通过不断地学习和感悟、反思而逐渐形成的,要养成终身体育运动的观念、意识和兴趣,进行必要的、大量的体育运动实践必不可少。高校体育文化应该作为体育教学的重要组成部分,力争为学生创造更多的体育实践机会,通过丰富的运动形式、多元的运动文化使每一名学生都能参与到体育运动的环节之中,通过让学生承担不同的角色,如教练员、裁判员、记分员、管理员、宣传员、计时员或统计员等,使学生充分认识体育运动的样貌,以及对每一个角色的要求和职责任务,从而发挥学生的自主性和积极参与运动的热情。

担当大学生角色的学生应积极努力学习技战术,充分体验为赢得比赛积极备战、在赛场上奋力拼搏的过程,以及经过全心全力的努力之后能够坦然面对比赛结果的心理调试能力。充当教练角色的学生要体验和学习发挥临场指挥、安排战术打法和决定大学生出场及替换的技巧和大局观。而担当裁判员角色的学生则要熟悉运动项目的比赛规则,学习管理比赛的能力和公平执裁的意识。只有经过这样多次地融入运动比赛中,充分参加每一个体育项目的全过程,才能让学生对体育运动有感性和理性的全面认知。在这样的基础上再培养他们的体育运动习惯就变得水到渠成。

5. 让学生品尝到运动带来的好处

在让学生形成了体育运动意识,培养出运动的兴趣,树立正确的运动观念以及参加了大量的体育运动实践之后,还需要及时反馈学生的努力成果,使学生亲身感受到体育运动带来的长期好处,比如,强壮了身体,增长了身高,结识到一群志同道合的运动伙伴,发现自己在运动方面的天赋,培养了协作能力和人际交往能力等。这些需要高校体育文化打造一个健康的体育运动环境,调动学生积极运动的热情,在长期的实践过程中,让学生逐渐品尝到运动带给自身的诸多益处,从而逐渐打造终身体育的坚实基础,种下终身体育的种子。

四、终身体育思想引领高校体育文化建设

(一)终身体育思想的结构组成

1. 体育认知

终身体育认知是实现终身体育的基础和前提,是终身体育思想的根本。只有在科学认知的基础上,体育情感和体育意向才会形成和坚持下去。从心理学的角度来看,认知是指个体对所要认识的对象的感知、理解、评价和信念。比如,对于体育运动的认知是从观看体育比赛、参加体育锻炼等途径开始的,然后在这一过程中产生对体育运动的理解。这种理解在刚开始的时候可能是表面的、肤浅的,如学生对打篮球的直接理解和评价就是刺激好玩,对长跑的直接理解是辛苦和累。但是随着时间的推移,这种理解会逐渐发生改变和深入,如打篮球除了表面上的"好玩"以外,还有很多的运动技巧、运动战术和心理战术要学习和训练,通过训练可以完整地塑造一个人的运动技能、身体素质、精神品质等。随着理解的不断成熟,对运动的评价也会发生改变,其产生的信念也会随之改变。体育认知是一个发展变化的过程。

2. 体育意向

体育意向是指心理活动的指向性。现代心理学通常将意向和动机、愿望联系起来理解。体育意向主要是指在体育意识层面,个体参加或疏远体育活动的倾向。体育意向是建立在体育情感基础上的,一般而言,树立了积极、肯定的体育情感就会促进积极参与的体育意向。终身体育思想的建立过程,也是体育意向的培养过程,当对终身体育有了全面客观的认知,产生积极的情感和评价之后,就会形成稳定的体育意向,自觉进行长期规律的终身体育运动。

(二)终身体育思想引领下高校体育文化建设的对策

1. 加强对体育认知的影响

对于大多数的院校而言,高校体育文化的建设是以终身体育思想为方向和指导而进行的。终身体育思想指出,行为的养成,需要从认知开始。那么对于终身体育的认知建设便首当其冲。而完整、健康的认知需要从亲身实践得来。所谓"纸上得来终觉浅,绝知此事要躬行",因此高校体育文化建设要明确体育实践是发展体育运动和培养体育意识的主要途径,必须带领学生多参加体育活动和体育实践,在这一过程中进行体育思想的讲解和传授,才是最有效的途径。比如,只有亲身参与,学生才能理解跑步过程中的极点现象,才能理解什么是第二次呼吸,只有在运动场上真实地体验过激烈的比赛之后,才能在领奖台上潸然泪下,体会成功的来之不易。只有自己亲身体会过,才能评价和理解别人的动作、动机或者策略是否得当。

2. 加强对体育情感的影响

情感是人最直接的感知,情感先于理性。而建设高校体育文化,加强对体育情感的影响十分重要。学生参加体育运动时产生怎样的情感体验,在最初的时候非常关键,这就需要体育教师发挥重要作用,要悉心呵护学生对体育运动的情感体验,因为这将直接影响终身体育思想和习惯的建立。比如,在最初接触某一运动项目时,如果学生得到的情感体验是挫败和打击,那么他很可能会产生抵触情绪,久而久之便会退缩和放弃该项目。而因为一次失败就放弃显然不是理智的行为。高校在建设体育文化的工作中,要特别注意对学生的情感维护和引导,需要激发他们的积极情感,如知难而上、勇于突破自我、不畏挑战等。当学生对体育运动逐渐建立正向反馈机制,那么他们也会自觉自发地产生正向情感体验,对形成终身体育创造良好的条件。

3. 发展多样的体育文化

校园体育文化的建设,要具备多样化的特性。这是因为只有多样丰富的体育运动项目和文化形式,才能丰富学生的体育视野,拓宽学生的认知发展,才有利于帮助学生确立终身体育观念和习惯。通过丰富学生的体育业余生活,促进其对体育运动投入更多的精力和时间,对使学生逐渐养成良好的运动规律,树立积极向上的生活态度具有积极意义。高校体育文化要针对"课堂内"和"课堂外"同时进行。比如,"课堂内"是指加强对体育知识和技能的教授,特别是要结合学生的生活实践,让课堂所学在课外可用。而"课堂外"是指在教学任务之外,高校也积极开展和推进各类的体育活动、比赛,它涵盖广泛的体育实践活动。比如,集体观看一些体育赛事,请裁判员、大学生、教授等来校进行讲座、座谈等。这里还应该注意的是,可以邀请跨学科的教授讲述体育知识内容,如邀请医学专业背景的教授讲述运动保健和运动康复、运动医学等案例,邀请力学专业背景的教授讲述运动技术原理,邀请营养学专家讲授运动与营养的主题讲座等。总之,"课堂外"就是要丰富学生的体育知识见闻和视野,让他们对体育有更加全面的认知,而不仅仅局限于课堂内讲授的具体技术动作和书本知识。

4. 营造运动的环境氛围

高校体育文化的建设,旨在全方位地为学生营造一个体育世界,让他们有机会更充分、更生动地了解体育知识,从而为培养终身体育观念和习惯做好准备。并且,高校还应尽量展现体育文化的魅力,开拓学生的视野,通过体育文化的窗口,让学生对社会和世界有初步的客观印象。这对帮助学生形成正确的世界观和价值观十分有益,在这样的前提下,会促进学生迫切地希望成长和强大起来,他们需要有强壮的体魄、开阔的眼界,因此会更加主动积极地进行体育运动和锻炼,有助于自发地形成终身体育运动意识。

5. 升华体育运动的精神

升华运动精神是指将一些生活中的事例进行提炼和升华,特别是学生身边发生的或者他们熟知的一些事例效果更好,因为熟知而降低了解释成本,发生在身边的事情对他们的影响也更明显。高校体育文化应该善于抓住这样的事例,并进行一定的升华,帮助学生树立体育运动信念和精神,也锻炼透过现象看本质的能力。比如,通过学生经过刻苦训练取得进步的实例,提炼出"拼搏进取"的体育精神,激励学生面对困难不畏惧、不退缩;通过总结竞赛后的得失提炼出"失败只是成功前的一次演练"等。总之,高校还可以建立自己的体育精神或特定标语。总之,将抽象的体育精神具体化、形象化更有助于学生养成终身体育观念和习惯。

6. 紧跟时代发展的步伐

高校体育文化的建设并非靠纸上谈兵、凭空想象得来,而是在摸索实践中不断完善和发展出来的。高校在具体的实施过程中,应该切记将每一步努力都落在实处,让每一次尝试都得到真实反馈。高校的体育文化建设是应社会发展需要而调整的,因此经得住实践的考验才是成功的唯一标准。高校的体育文化是为了给社会培养现代化的人才,是与社会发展紧密相关的。因此,高校的体育文化建设是和社会文明发展和文化演变相关的。它既要密切关注社会文化发展动向,也要留意观察学生的兴趣热点,在这个基础之上发展的体育文化才是符合当下时代需求、与社会发展同步的体育文化。这样的高校体育文化才是符合终身体育思想的、在不断动态成长的体育文化。

第四节 终身体育意识的基础理论

一、体育意识

意识指的是人对于客观世界的心理活动反映,它是人与动物最根本的区别。人们通过在实践中不断地学习和改善自身的行为,从而使得人类的活动具有目的性。也可以说意识不是被动的,而是可以通过客观事物来加以影响改变的。此外,意识指导人的实践活动,从而能够帮助人们认识和改造世界。马克思就指出意识是对客观的反映,对人的行动具有指导作用。

体育意识指的是体育锻炼在人脑中的反映。它具有能够指导人参与体育锻炼的能动性。人们通过参加体育锻炼,从而养成体育意识。例如,通过跑步,可以掌握正确的跑步技巧,从而更好地指导自身的体育活动。

体育意识有三个层次:一是体育认知,二是体育情感,三是体育意志。三者之间相互联系,相互促进。体育认知是基础,如果没有正确的体育认知,不可能对体育产生情感,也就无从谈起体育意识的培养。

二、终身体育意识

(一)终身体育意识的概念

终身体育意识涵盖两个方面,具体表现在思想和行为上面。思想上指的是对体育的认知、对体育的情感和对体育的意志。行为上指的是一个人对体育事业做出的贡献和价值。

如何去形成终身体育意识,"奋斗不止,运动不休",终身体育意识在这个过程中慢慢地形成。它经过时间的洗涤和冲刷,禁得住考验,耐得住寒冷。形成了终身体育意识,它就会反过来指导我国大学生体育锻炼的实践活动,也就是发挥意识的主观能动性的表现了。正确的意识会指导出正确的实践活动,那么正确的终身体育意识也会让个人在体育锻炼的过程获得心灵和身体的愉快。

(二)终身体育意识的特点

终身体育意识具有三大特点:稳定性、间歇性和促进性。稳定性是指会贯穿人的一生,并且不会轻易产生动摇。间歇性是指当人处在不同时间阶段,会产生不同的想法。这就好比对于同一个社会现象,年轻人的想法总是比较激进,所以年轻人容易犯错误,而年长者则比较沉稳,所以他们考虑事情更为周到。促进性是指人们在形成了正确的终身体育意识之后,会在终身体育意识上有一个更加积极乐观的态度,从而促进人们进行体育锻炼活动。

第五节　终身体育意识的培养

一、建立一体化的高校体育教育体系

高校体育是终身体育的重要组成部分,一方面能够从思想上帮助人们树立终身体育的意识,另一方面能够从生理上帮助人们增强体质,发展运动技能,为终身体育发展奠定生理基础。因此,必须要重视高校体育的开展,建立合理、完整的高校体育教育体系。

科学的高校体育教育体系应该是一个分阶段的、从低到高的有机整体,学生从最基础的体育知识开始学习,到逐渐掌握有难度的体育教学内容,中间的每一个环节都能连接在一起,并且前面环节所学的知识能够成为后面环节知识的基础,整个过程中学生的体育能力有序提升。

在终身体育的框架下,高校发展体育必须以学生为本,根据学生的身心发展特点,在学生成长发育的每一个阶段安排合适的体育教学内容,并且保证前后的教学内容相互联系并且具有从易到难、从基础到复杂的内在逻辑。

体育教师作为教学活动的引导者,对体育教学效果有着非常重要的影响。在体育教学体系的建设中,教师应该对教学体系有着全方位的理解和把控。从纵向角度进行分析,体育教师应该认识到终身体育的阶段性、连续性和完整性,终身体育本质上是一个有机协调的整体,在该理念的指导下,小学体育教育、中学体育教育和大学体育教育应该联合起来,统一规划,统筹考虑;从横向的角度进行分析,高校体育和竞技体育、群众体育一起,构成了我国完整的体育体系,高校体育作为体育体系中的一个重要环节,对于终身体育的发展起着重要的作用,因此应该充分重视高校体育教育体系的建设,发挥高校体育对终身体育发展的促进作用。

二、设置丰富、有个性的体育组织形式

高校体育组织形式是指根据一定的指导思想、体育活动目的和教材内容以及主客观条件组织安排体育教学活动和锻炼的方式。一般来说，高校的体育教育组织形式主要包括集体教学、分组教学、个别教学等。

教师在选择体育组织形式时，应该在充分考虑教学内容、本校教学资源、不同阶段学生的发展水平以及发展需要的基础上，参考学生的学习兴趣，尽量实现高校体育组织形式的多样化和特色化。

尤其是在大学阶段，体育课程主要以选修课的形式开展，高校更应该以学生的发展需要和兴趣爱好等因素为参考，设置更加丰富多彩的体育运动项目。比如，少数民族学生比较多的高校，可以开设一些民族特色体育课程；地理条件比较有特色的高校，可以开设一些具有地方特色的体育课程；针对高校学生比较容易被流行事物吸引的心理特征，可以开设一些比较流行的体育课程；面向高校女生可以开设一些瑜伽、体育舞蹈等艺术性较高且塑形效果较好的体育课程等。给予学生充分的自由选择权，让不同兴趣爱好、不同身体素质、不同发展诉求的学生都能选择到符合自身的体育课程。

此外，除了设置选修课程之外，还可以开展俱乐部体育、休闲体育等，形成课内外一体的体育学习形式，促进终身体育的发展。

三、加强教师队伍建设，提升教师素质

在将终身体育教育融入体育教学的背景之下，要求体育教师必须转变传统的教学思想，由过去的填鸭式传授学生体育文化知识转变为能将学生培养成为适应现代化需要的综合素质发展的创新型教育工作者。教师应该采用丰富多彩的教学形式和教学方法，引导学生参与到体育教学的过程中，将学生从被动、消极的知识接收者转变为积极、主动的知识探究者，提高体育教学的效率，促进终身体育的发展。

想要教师达到新时期体育教育工作者的要求，必须要以教师的综合素质和专业能力发展为重点，建立起一支高素质的体育教师人才队伍。从高校方面说，应该将促进教师的发展作为高校工作的一项重要内容，

从资金、时间上为教师发展提供支持,为教师创造各种进修学习、交流培训的机会。从教师个人来说,应该严格要求自己,坚持终身学习,积极参加职业培训,持续接收最新行业知识,继续进行深造等。

只有建立起一支强大的教师队伍,才能促进体育教育事业的发展,才能促进终身体育思想的传播和实践。

第三章 大学生终身体育意识培养

终身体育是指一个人终身进行体育知识学习和体育实践锻炼，拥有一个健康的身体，身心愉悦，一生受益。高校体育教育是学校体育与社会体育的重要衔接点，是奠定学生终身体育基础的重要环节，是培养学生体育能力和终身体育意识的重要课堂，同时大学期间也是培养学生终身体育意识的关键时期。培养学生的终身体育意识是高校体育教育的一项重要任务，希望参与体育锻炼能成为他们现在乃至未来不可或缺的生活方式。

第一节 大学生终身体育意识的特征

一、适应青年期向壮年期过渡，调整好身体锻炼的内容与方法

人的一生中从青年期向壮年期过渡，由独身到婚恋，组成家庭，到生儿育女，以及在工作中需要承担主要任务。这一时期的身体、心理等都发生着一系列的变化。因此，在身体锻炼的内容及方式方法等方面也都发生了变化，需要主动适应生活上发生的变化，按照终身体育的要求学会调整工作、生活和锻炼之间的关系。

根据青年时期打下的体育基础和养成的锻炼习惯，继续培养自己的兴趣、爱好，使自己在繁忙的工作学习生活中挤出时间进行身体锻炼。

在组成的家庭中，能够用自己的行动带动全家进行有益全家健康的体育活动，调节全家的活动气氛，使家庭体育得到发展。

青壮年期是人生中最关键的时期，除了生活负担过重以外，工作负担及心理负荷都比一生中其他时期大，我国前几年出现的有些优秀中青

年科学家的早逝,给我们提出一个很明确的回答,即青壮年时期应该加强身体锻炼,使身体能够承受来自各方面的压力。

据不完全调查统计,有60%的人在青壮年后期,接近中老年期之间,由于工作任务与家务劳动繁重,又缺乏对身体锻炼的紧迫感,因而不能经常坚持身体锻炼,致使身体发胖或产生了某些疾病,结果是失去了良好的发展身体时期,而不能保持或恢复原来的身体状况。所以,青壮年期是坚持终身体育的关键时期。

二、缺乏认知,体育锻炼意识观念薄弱

大学生对体育普遍缺乏认知,体育锻炼意识观念薄弱。受传统应试教育的影响,学生对体育教育的重视程度普遍偏低,尚未形成自觉良好的体育锻炼习惯。体育一直作为"副课"游走在教育体系的边缘,体育课被占现象颇为严重,导致学生对体育的教育功能了解甚浅,大多是抱着修学分的态度来上体育课。

第二节 大学生终身体育意识的现状与影响因素分析

一、大学生终身体育意识培养的现状

(一)体育教学资源配置不合理

目前,高校体育教学与市场需求脱节,导致出现了高校体育教学资源配置不合理的情况。在社会大环境下,体育市场的需求不断发展变化,高校只有结合体育市场的需求合理配置体育资源,才能提高体育人才培养的质量,确保学生的长远发展。[①]毕竟,高校培养体育人才是为了服务社会。

(二)体育教学方法过于单一

许多高校体育教师缺乏创新思维、创新意识,仍旧采用传统的教学

---

① 康瑞鑫.高校体育教学现状及创新策略[J].当代体育科技,2015,5(35):8-9.

方法进行体育教学,教学流程也一成不变:热身,动作要领讲解,学生自主练习或自由活动,课程的最后教师验收成果,了解学生在课堂上对动作要领的掌握情况。传统的教学方法使学生长期被动地学习,学生和教师之间缺少紧密的配合、互动,以至于大部分学生在课堂上没有精神和热情,机械地进行练习,影响了体育学习的质量,降低了学生对体育活动的兴趣。

(三)体育实践教学不受重视

很多教师在教学的过程中轻视实践教学,这种做法有较大的危害。许多对体育运动感兴趣的学生可能会在未来从事与体育相关的工作,但企业、用人单位往往会更看重学生的实践能力。例如,若学生立志成为专业的大学生,学生需要具备过硬的专业基础、专业技能,较高的心理素质和应变能力,这些能力的培养离不开大量的实践活动。但是目前高校中的许多教师在体育教学中过于重视理论知识,忽视实践教学,以至于学生的综合素质普遍不高,难以满足企业的用人需求,解决社会的实际需要。

(四)体育教师的个人能力不足

体育教师长时间受传统体育观念的约束,受竞技体育的影响,导致个人缺乏过硬的能力,其主要表现在以下几个方面。

(1)教学观念相对陈旧。在素质教育的环境下,现代高校体育的教学模式逐渐向立体化教学方式转变,教学的重点转向培养学生的体育态度、兴趣、习惯;教学的评价关注对学生学习过程的评价,而不单单看学生的运动成绩。教师的角色、具体的教学组织形式、教学方法手段等都做出了相应的调整,进行了改革与创新。但有相当一部分体育教师的教学观念相对落后、保守,影响了体育教学的发展。

(2)知识体系较为混乱,不合理。教师在体育学科方面的专业素养、知识体系,决定着体育教学的质量、体育课程的专业性,极大影响着学生的能力和水平,但现阶段我国大部分体育教师自身的知识体系不够系统。

①知识体系跟不上时代的发展。合理优化的知识体系应该具有时代特征,反映现代体育科学的新观念、新思想,适应市场经济的变化,适应整个社会对体育人才的需求。而目前,体育学科的知识体系缺乏创新,缺乏与其他国家的沟通交流,慢慢赶不上时代的步伐,在世界范围

内处于较为落后的状态。

②文化基础较为薄弱。教师扮演着教书育人的角色,应该具备基本的人格修养、道德修养、人文素质和专业的职业素质。体育教师理应与其他学科的教师相同,具有基本的教育素养和教育知识的深度。只有具有较强的文化基础、人格魅力,才能成为学生的榜样,赢得学生的尊重,让学生更为积极地参与到体育教学活动中。而目前,大多数体育教师将自身培养的重点放在体育专业理论知识、实践教学上,疏于掌握基本的文化知识。

③专业知识偏而窄。当代体育教师的专业知识应该更加广博,不仅需要具备人体科学知识、学校健康教育理论、卫生教育理论与实践知识,还需要具备一定的竞技训练知识。而现阶段,许多高校体育教师将自己的专业知识限制在很小的领域内,缺乏开阔的视野、广阔的知识面,难以保证体育教学的质量和水平,达到向学生进行传道授业的最佳效果。

二、大学生终身体育意识培养的影响因素分析

(一)对体育教学的不重视,学校缺乏体育文化氛围

通过对入校新生的调查了解到,从小学、初中到高中,大多数学校对学生的体育课程并不是很重视,尤其是高中时期,学校的教学重点主要是针对高考,学生体育锻炼意识淡薄,缺乏体育兴趣。另外,和谐、积极、乐观的校园文化必然要有浓厚的体育文化氛围,在追求学术的同时也要营造积极向上、健康乐观的体育文化。

校园体育文化氛围缺失与学生参与体育活动的积极性不足会形成恶性循环:体育氛围缺失,则学生参与体育锻炼不积极,这进一步导致学校体育氛围不足。

(二)体育教学项目较少,学生体育锻炼的时间不足

在高校体育教学中,主要实行模块教学,大部分学校体育课运动项目都包括篮球、乒乓球、羽毛球、排球、太极拳等。这种集中式的教学方式无法满足不同学生的个性化学习需求,对于自己不喜欢的项目总是毫无兴趣。另外,按照课时安排,每周大多是 1 到 2 节体育课,除体育课以外,学生课余时间大都沉迷于网络游戏、追剧等。相关调查显示,经常参

加体育锻炼的学生不足 1/3。

（三）学校体育设施不完善

学校对于体育教学不够重视，设施和器材投入力度不足，导致教学资源缺乏，没有良好的体育锻炼环境和活动场馆，不能满足学生参加体育锻炼的需要，这使得体育教学和学生的课外活动都受到了制约，影响学生自主锻炼意识的养成。

（四）没有科学有效的教学评价

教学评价是教学过程的重要组成部分，全面合理的教学评价能较为客观地反映出该课程的教学效果，并且通过评价结果可以发现并解决学生学习过程中存在的问题。但是，在高校体育教学中，体育教学评价内容比较单一，教学评价方式大多将学生的运动成绩和体育技能作为衡量的标准。虽然近两年来教师对学生的课堂表现也会极为关注，但是评价的方面还是不够全面，比如，学生的学习状态、学习过程、进步情况、体育情感的培养等，这些因素都会对培养学生的终身体育意识产生影响。

第三节 大学生终身体育意识培养的策略研究

一、健全训练条件

（一）改革和完善高校体育训练体制

高校体育训练是否科学、系统，训练效果是否良好，很大程度上是由高校课余体育训练体制这个因素所决定的。高校课余体育训练体制如果是完整而有效的，那么就有助于对体育人才的挖掘与培养，有助于对高水平运动队进行组建，促进我国竞技体育的发展。世界体育强国对高校体育训练体制的建立与完善都非常重视，积极从本国国情和高校实际出发而建立课余训练体制，并随着国家竞技体育的发展情况及高校训练环境的变化而调整训练体制，使之不断适应现状，不断完善。我国要提高高校体育训练水平，也要高度重视对高校课余体育训练体制的改革与完善，不仅要将高校相关体育组织和部门的作用充分发挥出来，还要对现有训练机制中不合理的结构问题进行改革,尤其要对人事分配制度和比赛制度中不合理的地方进行改革,并促进大学生人才市场机制的不断健全,建立与完善俱乐部训练体制,进一步明确训练目标、更新训练理念、建立训练信息渠道、加强训练后勤保障,为高校体育训练的正常进行和训练水平的提高提供重要的体制保障。

(二)改善高校体育训练物质条件

随着高校体育训练科学化水平的不断提升,训练物质条件对提高训练效果起到的作用越来越明显。改善高校体育场馆设施条件,更新训练仪器设备对提升大学生的训练成绩具有重要意义。

在改善高校体育训练物质条件的过程中,要注意将新科技手段融入传统物质设施建设中,实现传统训练环境与新科技的融合发展,对信息化、系统化、网络化的体育训练物质环境进行创建。新的体育训练物质环境中还应有新的反馈系统,不断吸收先进的训练设备,推广和应用3D、VR等技术,将更加全面化、立体化和动态化的训练反馈呈现于大学生面前。例如,将3D技术应用于大学生训练中,将大学生的训练过程和标准3D视频进行同步比较,使大学生了解自己的真实训练情况,从不同角度发现自己的问题,使自己的各个技术环节得到更直观的反馈与呈现。再如,将虚拟现实技术运用于高校体育训练中,使大学生大学生和专业优秀大学生共同训练或进行实战对抗,在虚拟现实赛场中录入双方的训练或比赛数据,使大学生获得真实的比赛体验,更好地理解自己在比赛中的角色。可见,将先进科技设备引入高校体育训练中,对提高训练的科学化水平和训练效率具有重要意义。

(三)提高教练员的指导水平

高校体育训练水平的高低与教练员的训练指导水平直接相关,教练员自身的专业执训能力对大学生大学生训练成绩的影响是最为直接的,某种程度上教练员的执训水平直接决定着大学生的训练水平。因此,必须高度重视对优秀教练员的培养,加强对教练员的专业培训,提高教练员的专业指导水平和业务能力。当前,我国高校体育教练员队伍的整体素质并不高,有的直接是由体育教师担任教练员,很多教练员入职后没有参加过任何形式的培训和进修,训练理念落后,训练方法单一,严重影响了训练效果。甚至一些高水平运动队的教练员都没有达到真正意义上"专业教练"的标准。总之,高校教练员队伍整体水平不高。为此,必须加强对教练员的专业培养,通过职前培养、入职培训、在职进修三个方面来建设一支优秀的教练员队伍。在教练员专业培养与培训中,既要培养教练员的执训能力,又要培养其运动训练管理能力、组织竞赛的能力,同时还要培养其良好的职业道德,最终促进教练员综合能力的提升。

教练员培训制度在我国正式实行已有多年的历史,我国的教练员培训制度比较完整,该制度对提升教练员的专业水平和综合能力起到了重要的促进作用。但因为我国高校教练员数量多,整体水平不够高,原有培训制度不能适应和满足当前高校体育训练发展的需要,因此必须加强对教练员培训范围与方式的拓展和优化,具体要注意以下几个问题。

第一,为专项特长突出的教练员或体育教师提供进修机会,使其参加国家有关部门举办的教练员专业培训活动,实现由"教师型"教练向"专业教练"的转变。

第二,聘请专职教练,减轻体育教师的负担,为本校体育教师与外聘优秀专职教练提供交流的平台和机会。

第三,鼓励同一项群不同项目教练员的相互沟通与交流,使之共同学习与进步。

（四）建立健全的教练员考核与评价制度

现阶段,我国高校课余训练缺乏健全的评估体系,对课余训练、运动队、教练员队伍的管理不够系统,后勤管理不受重视。在评估体系内存在的种种问题中,对教练员考评不规范和不全面的问题是最为突出的问题之一。一直以来,高校只是在某次运动会结束后或参加完某次比赛后参照运动成绩来对教练员进行结果性考评,注重结果,忽视过程,以成绩作为评价标准,这样容易进入"唯成绩论"的训练误区,容易在日常训练中盲目加大运动量,忽视其他素质的培养。可见,单纯从运动成绩出发对教练员进行评价是片面的,虽然这种考评方式能够引起教练员对日常训练的重视,但也容易造成教练员除执训能力之外的其他素质发展受限的局面。对此,要进一步建立健全教练员考评制度,做好以下工作。

第一,有的教练员也同时承担体育教师的职责,为减少教练员的工作负担,应适当减少其教学量,累计教学与训练的工作量,使教练员将教学与训练工作做好、做精,提升体育教学和训练的水平。

第二,检查教练员制订的训练计划是否科学、合理、完善,在计划实

第三章　大学生终身体育意识培养

施中定期检查效果,使教练员做好训练工作总结,提升教练员的责任感。对训练计划及其实施的检查结果直接影响对教练员的考评结果。

第三,坚持实行岗位聘任制,充分发挥竞争机制的作用,录用优秀的教练员。

第四,做好教练员在职培训工作,通过培训使教练员不断更新自己的训练理念,充实训练知识,学习先进的训练方法和经验,从而提高训练水平。教练员参加培训的情况也要纳入考核范围,评价教练员经过培训获得的进步和取得的收获。要将教练员培训作为一种有意义、有价值的投资,从而取得良好的训练效益和社会效益。

(五)提高大学生的文化水平

大学生大学生体育训练是身体活动和脑力劳动的有机结合,参加训练和比赛既要做大量的身体活动,也要进行必要的思考,而且要运用自己掌握的知识去捕捉和理解训练和比赛中教练员发出的每个"信号",这就需要大学生具备一定的文化水平。如果大学生只是运动能力强,但缺乏良好的文化素养,那么不仅会影响训练和比赛,也会严重阻碍退役后的就业之路。目前我国在竞技体育人才培养中逐渐认识到了大学生文化教育的重要性,提出文体并重、体教结合的培养模式,全面培养大学生的文化素质和运动素质。高校体育训练中也要注意对大学生文化素养的培养,提升大学生的文化水平,为大学生未来就业打好基础。

对高校大学生来说,学习永远是第一位的,学校课余体育训练的特点也说明了学习的重要性。如果高校体育教练员一味强调训练,对大学生的文化学习毫不关心,甚至占用大学生的文化学习时间,那么他就不是合格的教练员。现在我国高校教练员队伍中追求比赛成绩、忽视文化教育的教练员并不少,这严重制约了高校课余体育训练的持续发展,使课余体育训练之路变得越来越狭窄。

近年来,我国教育部和国家体育总局都很关注大学生的文化教育,大力改革大学生文化教育体制,对多元化教育体系进行构建,从大学生的特殊性出发探索文化教育的科学方法,对教育内容、方法及形式进行改进,并采取多项措施来保障大学生文化教育工作的落实,从而有效维护了大学生的受教育权利,满足了大学生的文化学习需求,提升了大学生的文化水平,为大学生将来的就业与发展奠定了良好的基础。

为了避免课余训练占用文化学习时间,高校体育教练员应加强对训练方法的改进,对训练节奏进行调整,促进训练效率的提高,这样既能提高训练水平,也不耽误大学生学习文化知识。此外,教练员要与文化课教师做好沟通,共同加强对大学生文化学习的管理,共同监督其文化学习成绩。

二、合理安排训练计划

(一)区间性多年训练计划

区间性多年训练计划是对 2 年或 2 年以上一个特定时间段的训练所设计的计划。根据 2 年一届的世界大学生运动会和每 4 年一届的全国大学生运动会,结合高校课余训练的特点,可以设计 2~4 年的区间性多年训练计划,然后根据区间性多年训练计划设计年度训练计划、阶段训练计划、周训练计划以及课训练计划。

(二)年度训练计划

年度训练计划是教练员组织训练中的重要文件,是落实多年训练计划的基本单位。在年度训练工作中,根据重大比赛次数来决定单周期、双周期和多周期安排。每个训练周期是根据竞技状态的形成规律,即竞技状态的形成、保持和消失三个阶段来设计的。对于高水平大学生来说,由于一年中重大比赛次数较多,竞技状态的三个阶段不那么明显,但对于一般的学生大学生来讲,还是有必要进行三个阶段的划分的。根据竞技状态的形成规律,年度训练计划可分为准备期(包括一般准备阶段和专门准备阶段)、比赛期(包括赛前训练阶段和赛中训练阶段)和过渡期三个阶段。

表 3-1 竞技状态的阶段性发展与周期划分[①]

竞技状态发展过程	生物学基础	训练任务	训练时期
形成	适应性机制	提高竞技能力,促进竞技状态的形成	准备期
保持	动员性机制	发展稳定的竞技状态,参加比赛,创造好成绩	比赛期
消失	保护性机制	积极恢复,消除心理、生理疲劳	恢复期

① 曹青军.运动训练理论与实践[M].北京:北京理工大学出版社,2010:119.

1. 年度训练时间分配

一般来说,在年度训练的每个大周期中,准备期比比赛期长,准备期中的一般准备阶段比专门准备阶段长。表 3-2 是单周期、双周期各阶段的时间分配。

表 3-2　年度训练中单周期、双周期的时间分配[①]

周期类型	准备期		比赛期		过渡期
	一般准备	专门准备	赛前	比赛	
单周期	6～7个月		4～5个月		1～1.5个月
	4个月	2.5个月	2～2.5个月	1～1.5个月	
	7～8个月		3～4个月		
	4.5个月	3个月	1.5个月	1个月	
双周期	3～4个月		1～2个月		0.5～1个月
	1.5～2个月	1.5～2个月	1个月	1个月	
	3.5～4.5个月		1～1.5个月		
	2～2.5个月	1.5～2个月	1个月	1个月	

2. 各阶段训练任务和训练负荷

（1）准备期

促进大学生竞技状态的初步形成,使竞技能力各结构要素有机结合,这是准备期的主要训练任务。

一般准备阶段以一般身体训练为主,促进运动素质的全面提升与协调发展,重点对基本技术能力和协调能力进行培养。

在一般身体训练的基础上向以专项素质训练和专项技术提高为主要内容的专门准备阶段过渡,同时要注意对心智能力的培养和战术能力的培养。

对一般准备阶段和专项准备阶段的负荷进行合理安排,处理好两个阶段的负荷衔接关系,从而整体提升大学生的竞技能力,满足专项

---

① 卢竞荣.学校课余体育训练探索[M].长春:吉林大学出版社,2008:203.

的需要。

（2）比赛期

促进大学生专项竞技能力的发展,使其将自身竞技实力充分展现在比赛中,取得理想的比赛成绩,这是比赛期训练的主要任务。

比赛期主要进行专项体能训练,一般体能训练内容较少,技术训练主要采用完整训练法,加强对技术细节的巩固与完善。模拟训练在比赛期训练中运用较多,以促进大学生技战术运用能力及心理适应能力的提升。

比赛期训练负荷的特点是减少运动量,增加运动强度,将恢复训练融入其中。

（3）过渡期

过渡期以消除疲劳、使身心状态恢复正常为主要任务,目的是为后面的训练做准备。训练安排上主要进行一般训练,休息方式以积极性休息为主。

（三）阶段训练计划

阶段训练也叫中周期训练,是大周期训练的基本单位,时间为数周到数月不等。中周期训练又由多个小周期训练组成。从训练阶段和训练任务出发,可以将中周期训练划分为以下4个类型。

1. 基本中周期训练

以促进大学生身体机能水平提高和身体素质发展为主要任务,同时要发展基本技术能力和运动心理能力,打好比赛基础。

2. 赛前中周期训练

以解决训练中的问题,弥补不足,促进竞技能力各要素协同发展为主要任务。

3. 比赛中周期训练

以做好赛前准备,达到并保持最佳竞技状态为主要任务。

4. 恢复中周期训练

以消除疲劳、促进身心恢复为主要任务。可以在两个中周期训练中安排恢复训练,调整身心状态。

在阶段训练计划的制订中,要以训练任务和大学生实际水平为依据而对中周期内部各个小周期的顺序、节奏及顺序负荷进行合理安排。如果一个中周期是由 6 个小周期构成的,那么这些小周期的训练负荷有多种组合方式,常见的几种方式如图 3-1 所示。

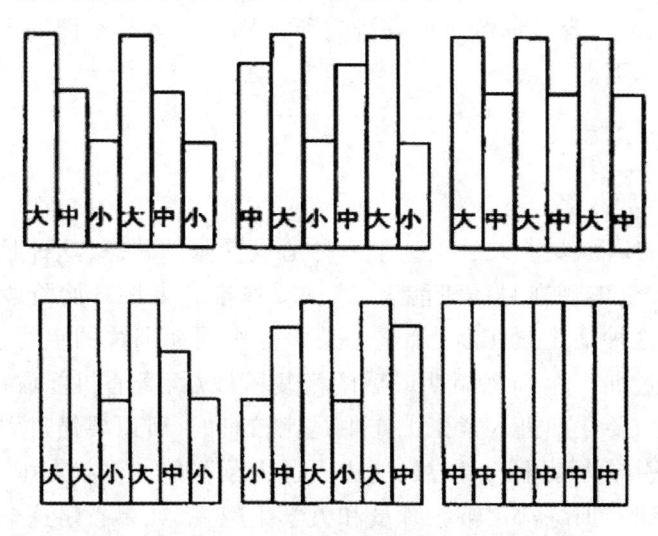

图 3-1　中周期内各小周期训练负荷的组合形式[①]

（四）周训练计划

周训练计划也是小周期训练计划,这类训练计划在高校体育训练中最为常见,也是高校体育训练计划中非常典型的一种计划。大周期和中周期训练计划都是通过小周期这个基本单位的训练而落实的。周训练计划对一周内每天的训练任务、训练内容、训练方法与手段以及训练负荷做了规定。周训练计划为期一周,时间跨度并不长,所以教练员设计起来比较容易,而且也容易控制训练过程。一周的训练中,每天的训练课次数和训练负荷基本是逐渐增加的,这样安排是为了促进大学生运动能力的持续提升。高校教练员都比较重视对周训练计划的设计与应用,通过小周期训练而逐步实现长远目标。

高校课余训练的周计划因为课余训练本身的特点而并不一定都是为期 7 天的训练,可以比 7 天多,也可以比 7 天少,要根据具体情况而安

---

① 卢竞荣. 学校课余体育训练探索[M]. 长春：吉林大学出版社,2008：205.

排。如果比赛需要 4 天时间,那么赛前周训练的安排可以由 7 天缩短为 4 天,如果不考虑比赛时间,而且训练任务艰巨,那么也可以将 7 天的周训练延长为 8～10 天的小周期训练。所以说,小周期训练的时间跨度并不一定都是 7 天,可以是 4～10 天不等。

小周期训练计划一般包括 5 种类型,不同类型小周期训练计划的训练任务、训练内容及训练负荷安排有所区别。对各类小周期训练计划的具体分析如下。

1. 引导小周期

(1) 主要任务

正式的训练要求大学生处于一种适度紧张的状态,这种状态不仅是心理上的,也体现在身体机能上,往往要在准备期的开始阶段来引导大学生达到这种适度紧张状态,这也是引导小周期训练的主要任务之一。大学生经过前一个训练周期最后的恢复阶段后,身心机能放松,在新的训练周期中要立即进入紧张工作中是比较难的,所以要通过引导小周期的安排来引导大学生的身心机能进入适度紧张的工作状态中。事实上,引导小周期的训练常常被教练员和大学生忽视,如果省略这个阶段直接进入准备性小周期的训练,那么将会影响正式训练的效率和实际效果。

(2) 训练内容及负荷

在引导小周期可安排丰富多样的训练内容,以一般身体训练为主。训练负荷以中小负荷为主,训练量循序渐进地增加,训练强度保持在 55%～75% 范围内。应采取丰富有趣的训练方法进行训练。

2. 准备性小周期

准备性小周期包括下列两种类型。

(1) 一般准备小周期

①主要任务

以促进大学生一般身体素质的发展,为良好竞技状态的初步形成而做好体能准备为主要任务,进而促进竞技能力的提升。训练内容以一般性训练为主,这类准备性小周期的训练负荷通常设定为 70%～80%。

②训练负荷

准备性小周期的训练负荷整体都比较小,而且呈现出从"加量"到"加强度"的负荷变化趋势。根据这一特点,一般准备小周期训练中的负荷特点表现为"负荷量增加,负荷强度不变或降低"。

（2）专门准备小周期

①主要任务

积极发展专项体能和专项技能,提高机体对比赛的训练性适应,完成从一般性训练向专项化训练的转化,为顺利过渡到比赛期训练打好基础。负荷强度达到80%～95%,以专项训练为主。

②训练负荷

负荷安排的特点是"负荷强度增加,负荷量保持或降低"。

无论是哪种准备性小周期,均可采用"保持一定的负荷量和一定的负荷强度"的负荷安排方式。由于准备性小周期数量多,时间跨度大,在高校课余体育训练中,普遍采用周训练负荷的两段式结构安排,即把周训练主要分为前后两半,前一半和后一半负荷内容、负荷量、负荷度的安排较为相似,而中间则安排较小的负荷或积极性休息作为调整。

需要指出的是,为使课余训练尽量少影响学生的文化学习,可将周三和周四作为调整日。同时,尽量把大负荷训练课安排在周六日。总之,应根据大学生的具体情况来安排周训练计划。

3. 赛前训练小周期

（1）训练任务

赛前训练周是重大比赛前的专门准备性训练周,主要任务是使大学生的机体适应比赛的条件和要求,即把大学生在长期训练过程中所获得的竞技能力各要素集中到专项比赛所需的特定方面上去,以便在比赛中创造优异的成绩。根据实际可安排一周或数周。

（2）训练内容和负荷

训练内容更加专项化,增加专项身体训练、专项技战术训练和专项心理训练,并努力提高练习的稳定性和成功率,采用一些更加接近专项比赛的训练方法。

在这一阶段增加负荷强度,但不能同时增加负荷量。应重视课前准备活动的质量,加强训练后的恢复。恢复性训练课约占所有训练课数量的1/3。

4. 比赛小周期

（1）主要任务

为大学生形成最佳竞技状态做直接的准备和最后的调整，并参加比赛，创造优异成绩。比赛周是以比赛日作为最后一天，并向前数一周计算的。根据项目比赛特点以及其他情况，比赛周也可延长至10天。

（2）训练内容和负荷

根据超量恢复的原理来安排训练内容，根据机体承受不同性质负荷后完全恢复所需的时间，将无氧训练、速度训练、力量性训练以及高强度的专项训练安排在比赛前3~5天内，而把有氧训练、中低强度的一般身体训练和一般技战术训练等安排在比赛前的1~3天内。

5. 恢复小周期

（1）主要任务

通过降低训练负荷和采取各种恢复手段，消除大学生身心疲劳，尽快实现超量恢复。通常在下面两种情况下需要安排恢复小周期。

第一，在参加比赛后，大学生身心处于极度疲劳状态，需安排一至数个恢复小周期。

第二，在进行两个强度周的训练后安排一个恢复周，即"练二调一"的模式。

（2）训练内容和负荷

训练内容广泛而灵活，把积极性恢复训练和睡眠休息相结合，同时注意营养补充的均衡性。多进行一般身体练习和趣味游戏练习，负荷强度较低，可灵活调整负荷量。

（五）课训练计划

课训练计划是构成大周期、中周期和小周期等计划的最基本的实施方案。课训练计划的质量直接影响训练效果。一节训练课的时间长短不一，短的仅为半小时左右，长的可达4~5个小时。高校高水平训练队的课时训练时间可适当延长。

1. 训练内容

根据训练课的目的、任务、大学生身心情况、场地器材条件以及气候特征等来安排训练内容。

（1）身体训练

把速度、力量、协调性的练习放在课的前面,把速度耐力、力量耐力等放在后面。

（2）技战术训练

把技术结构复杂、难度大和战术思维复杂的练习放在前面,把巩固性、实践操作性的练习放在后面。注意训练方法手段的多样性以及训练环境的宽松及和谐性。

2. 负荷安排

按照人体生理机能活动能力的变化规律和心理活动的变化规律来安排负荷,同时根据训练课的目的、任务及大学生的实际状况等因素来调整训练负荷。

三、优化训练环境

（一）高校体育训练环境创建与优化的原则

高校体育训练环境具有系统性、复杂性,构成因素较多,创建良好的体育训练环境,使环境系统内部各因素保持和谐状态,有助于推进训练进程,提升训练效果。对高校体育训练环境进行创建与优化,将训练环境的积极作用充分发挥出来,从而提升体育训练水平和质量,这需要高校体育工作者、教练员和大学生共同参与和努力。从高校体育训练环境的特殊性及重要作用出发,总结出高校体育训练环境的创建与优化要遵循下列几项原则。

1. 整体性原则

在高校体育训练环境的创建与优化中,必须从整体上调整和规划环境的各个组成要素,将各要素整合为一个整体,使这个整体的综合功能得到最大限度的发挥。具体来说,要统筹规划与安排训练环境,将各类环境的优化都重视起来,除了要完善体育场馆设施条件,还要营造良好的校园体育氛围,促进教练员工作作风的改进,在运动队内部构建和谐的人际关系,树立全局观念和长远目标,可以有所侧重,但不能过于厚此薄彼。

2. 主体性原则

对高校体育训练环境的创建不仅需要教练员和其他体育工作者的努力,还需要大学生大学生的参与和配合,将其主体作用充分发挥出来,对其环境改造能力、适应能力以及控制能力进行培养,使大学生自觉利用良好的训练环境去提高自己的训练水平。教练员要充分认识到大学生在训练环境中的地位,激发大学生的主人翁意识,将其积极主动性充分调动起来,强化其责任感,使其自觉参与和配合训练环境的建设与优化。

3. 针对性原则

对高校体育训练环境进行设计与优化,要从特定训练目标出发而进行针对性设计,以满足训练需要,使良好的训练环境促进大学生在训练中的全面发展与提升。教练员作为训练环境设计与优化的主要力量,要注意周密安排各项训练要素,从训练目标出发加强对各要素的优化整合,不能盲目设计。此外,要对具体训练情况进行分析,从实际出发进行优化设计,不能将其他学校的设计方案强行运用到本校,否则可能会制约训练的发展。

4. 校本性原则

校本性原则是指在设计训练环境时,必须从本校自身实际情况出发,充分利用学校已有的有利条件积极开发新的资源,推进训练环境建设。各校都要从实际出发,以校为本,突出优势,扬长避短。

(二)高校体育训练环境的优化策略

1. 改善学校物质条件

创建良好的物质环境是优化体育训练环境的重要内容。在经济条件有限的情况下,不可能很快改善学校物质条件,但是教练员和大学生可以精心设计学校内部物质环境,合理布置训练场所,美化和优化物质环境,突出训练环境的教育价值和审美价值。

2. 优化社会环境

高校课余体育训练活动往往受社会大环境的影响,因此社会各界应共同努力为高校体育训练营造良好的社会氛围。但是高校不可能等到社会环境完全变好的时候再进行课余体育训练,所以高校内部应该发挥自身改造社会环境的作用,为净化训练环境做出努力。这就要求高校内部工作人员与学生共同抵制社会不良风气,减少不良社会环境带来的消极影响。

第四章　身体素质与大学生身体素质

当前,大学生身体素质的状况不容乐观,应该积极帮助大学生树立终身体育意识,进而提升他们的身体素质。

第一节　身体素质概论

一、身体素质的内涵

身体素质除肌肉、内脏与神经系统、大脑等结构和机能方面的特点外,还应当有种种生理潜能蕴含其中。它与心理潜能一起,构成人的潜能系统。潜能并不神秘,它乃是人的身体、心理发展的前提条件或可能性。正因为人有自己的潜能存在,他们无论是身体还是心理,都能向人的方面发展,而成为一个身心统一协调的真正的人。动物不具备此种潜能,所以它们就无法摆脱动物的身心架构而具有同人一样的身体与心理。

二、身体素质的外延

我们认为,人体系统和器官的结构、机能本身并不就是素质,素质应当体现在结构与机能的潜能和特点上。生理潜能是多种多样的,无从一一列举。生理特点也是形形色色的,力量、速度、耐力、灵敏、柔韧等便是人体肌肉活动方面的一些特点,强度、平衡性与灵活性则是神经过程(兴奋与抑制)的三个特点。据此,可以说,生理素质所包含的组成成分无论多么纷繁复杂,总可以归属于潜能与特点两个系列,而这两个系列又在人体系统与器官的结构、机能上表现出来,构成一幅生理素质成分的五光十色的图景。

身体素质的外延十分复杂广泛,但我们把它归结为潜能与特点两大系列,这两个系列又各自以不同的姿态表现在人体(包括脑和神经系统)的结构与机能上。

第二节 身体素质教育

一、身体素质教育既是素质教育的重要内容,又是素质教育的重要手段

素质教育是针对应试教育提出来的。所谓"应试教育",朱开轩同志说,是指在我国教育实践中客观存在的偏离受教育者群体和社会发展的实际需要,单纯为应付考试、争取高分和片面追求升学率的一种倾向。而素质教育,从本质上来说,是以提高全民族素质为宗旨的教育。素质教育是为实现教育方针规定的目标,着眼于受教育者群体和社会长远发展的要求,以面向全体学生、全面提高学生的基本素质为根本目的,以注重开发受教育者的潜能,促进受教育者德、智、体诸方面生动活泼地发展为基本特征的教育。

素质教育到底要发展学生哪些素质呢?众说纷纭,但不管是谁,也不管从哪个角度去研究素质教育,都离不开身心素质,而促进学生身心全面发展,提高学生的身体心理素质,正是学校身体素质教育的本质功能和首要目标。因此,素质教育绝不能没有身体素质教育。

二、提高身体素质,为整体素质的发展奠定必要的物质基础

良好的身体素质是发展整体素质的物质基础。身体素质是"皮",其他素质都是"毛","皮之不存,毛将焉附?"我们常说"身体是革命的本钱",俗语说"留得青山在,不怕没柴烧",也含有这个意思。一名学生只有具备了强壮的体魄、旺盛的精力,才能更好地完成繁重的学习任务,才能为将来担负建设祖国的重任打下良好的身体基础。反之,即使知识渊博,品德高尚,如果体弱多病,就是壮志满怀也会力不从心,近些年来,我们常听到一些知识分子因体质不济而英年早逝,无不为之感到惋惜。这一现象不能不引起我们教育工作者的高度重视。

《中共中央关于教育体制改革的决定》开宗明义地指出:教育体制改革的根本目的是提高民族素质,多出人才,出好人才。人的素质是成才的基础,每个人的素质又是整个民族素质的基础,而身体素质乃是各种素质和整体素质的基础。这就顺理成章地得出结论:加强身体素质教育乃是基础的基础;只有提高学生的身体素质,才能保证"提高民族素质,多出人才,出好人才"的根本目的的实现。

第三节 大学生身体素质的测评

目前国内外身体素质的成套测验很多。如何根据自己的需要来编制、选择和使用身体素质的成套测验?首先,要考虑或明确自己研究或测量的目的;其次,考虑受试者的年龄、性别、发育水平以及运动能力以及考虑各种测验条件;最后,根据有关测验编制与实施的要求来选择或使用成套测验。

由于成套身体素质测验种类繁多,组合各异,这里仅介绍常用的、比较规范的测验,以作示例。

斯科特(Scott)运动能力测验:

目的:测验学生的一般运动能力,用于诊断学生运动能力的缺陷及分组教学。

对象:适用于大中学男女生。

测量三性:该套测验采用一个综合性的效标(专家评分、各项运动技术的 T 分及麦克乐的一般运动能力测验成绩),选出了两套测验。第一套由篮球掷远、短跑、对墙传球和立定跳远四项测验组成,有效性为 0.91;第二套由篮球掷远、立定跳远和障碍跑三项测验组成,有效性为 0.87;各项测验的可靠性系数在 0.62 ~ 0.92 之间。

测验项目：

（1）篮球掷远

场地设备：3～4个篮球、量尺。

测量方法：该测验主要测量受试者的肩臂力量及协调性。受试者可用任一动作尽力将球掷出。两脚不得超过限制线，测三次。丈量限制线至球落点（近端）的距离。取最佳成绩。

（2）短跑

场地设备：秒表、哨子、量尺。

测量方法：受试者以任一起跑姿势，施令即跑，鸣哨则停。仅测4秒，测一次，计4秒内所跑的距离。

（3）对墙传球（同巴罗运动能力测验）

（4）立定跳远（同巴罗运动能力测验）

（5）障碍跑

场地设备：秒表、跳高架、横杆（2米长）及若干标志杆。

测量方法：该测验旨在测量速度、灵敏及一般身体协调性。测验时，受试者仰卧于地，两脚跟踏在起跑线上。听"跑"令后，按指定方向快跑至第一个正方形，用双脚逐一踏A、B和C三个正方形。然后绕跳高架D两周，接着跑向E（横杆），钻过横杆，跑至终线，手触线后返跑向F线，再重复一次，最后向终点线冲刺，计完成测验的时间（秒）。

成套测验成绩的评价：该套测验可用两种方法进行评价。

第一种：T平均分。将各项成绩的原始成绩转换成T分，然后将它们累加求T平均分。如第一套测验，一高中女生得如下T分：篮球掷远45分，短跑55分，对墙传球49分，其平均T分为50分。

第二种：加权分。该法可将各测验的原始成绩直接代入回归方程求出各学生的加权总分。

回归方程为：

第一套测验（四项）：成绩 =0.7（篮球掷远）+2（短跑）+1（对墙传球）+0.5（立定跳远）。

第二套测验（三项）：成绩 = 2（篮球掷远）+1.4（立定跳远）+（障碍跑）。

第四节　大学生身体素质的现状分析

评判一名学生体质状况,主要是看学生的体能,包括发育状况、身高体重比、肺活量等。而大学生目前的体质状况,是呈逐年下降的趋势。

一、肺活量

据统计,我国高校大学生肺活量呈不同程度的下降趋势,与 30 年前相比较非常显著,但在近五年里下降的幅度渐缓,呼吸技能水平的下降进一步说明在生活水平明显提高的同时大学生参加体育运动的不足。

二、身体素质

在我国,大学生有近 2700 万,他们是国家、民族的未来。据调查报告显示,2016 年底,某高校学生能规范做 10 个引体向上的不到 5%,规范做到 5 个以上的也是为数不多,许多学生因为体型、体能的原因一个都做不起来。这从侧面反映出当前大学生体能与体能储备严重不足,最近几年某校体质健康测试各项身体素质评价数据显示,学生的各项身体素质都下降明显,尤其是学生们的耐力和速度素质下降最为突出。随着社会科技水平突飞猛进的发展,学习、找工作的竞争日益激烈,当今中小学直至大学时代,他们的身心受到一定影响,就像我们看到的:每年大学生肥胖者越来越多,他们的心血管、心肺功能越来越偏于弱势化,学生的身体素质不断下降,都充分说明了现在的大学生缺乏系统的、有计划的、有针对性的体育锻炼。

第五节　大学生身体素质的改善与提升

一、充分发挥大学生在身体素质训练中的主观作用

运动实践证明,大学生在身体素质训练过程中是主动投入,还是被动投入,对有机体机能的影响有很大差异。大学生主动投入时,心理状态、神经系统、内脏系统和肌肉系统等处于适宜的良性状态,能够承受较大负荷的训练强度,从而有效地改善各器官系统的功能。而被动投入时,有机体各系统不是处在良性状态,这样就直接影响了训练的效果。在训练中调动大学生的练习积极性,对提高训练效果有重要意义。

身体素质训练是大学生克服自身变化的一个极其艰苦、枯燥的过程。在这一过程中要保证大学生的主观积极作用,一般的做法是:对大学生形成明确的训练目标导向、合理的训练方法与手段以及适合的要求、鼓励等。例如,用专项的理论知识和生动的例子让大学生充分理解身体素质训练在运动训练中的作用与意义,并在实践中加以体现;运用多种多样的练习方法与手段,从客观上对大学生形成良性刺激,从而调整主观行为;制订大学生经过努力能够达到的多极目标体系,一旦大学生达到某一级要求,适时地给予表扬、鼓励等。由此,对大学生产生激励作用,这种激励作用能在训练中保持一定的时间。

二、结合专项技术进行身体素质的训练

身体素质训练的作用集中体现在创造优异专项成绩这一终极目标上。因此,身体素质训练必须根据大学生运动项目的技术、战术和专项能力特点充分发展专项所需要的素质。结合专项技术进行身体素质训练,能使大学生的人体机能对专项的特殊要求产生适应,有利于专项成绩的提高。例如,体操项目中,围绕手倒立发展力量,结合前、后软翻发展腰部柔韧性,结合侧手翻、后手翻连续快做发展动作的速度,结合跳马、踏跳发展弹跳力。

三、身体素质训练要体现个体化特点

大学生的机能与素质水平都存在着不同程度的差异,如在身体素质训练中用统一模式对每个个体进行训练,则无法达到最佳训练效果。现代身体素质训练的个体化主要表现在三个方面:训练计划、要求的个体化,训练内容、手段与方法的个体化,训练运动量的个体化。

第五章　终身体育意识与大学生身体素质的关系

运动素质是指人体在体育活动中所表现的各种机能能力，它是衡量体质状况的一个重要标志。人的体能基本上是由运动素质发展水平和对基本活动技能的掌握程度所决定。运动素质不仅取决于肌肉本身的解剖、生理特征与生物化学成分，而且也取决于肌肉工作时的能量供给、各组织的物质代谢、内脏器官的配合以及神经系统的调节能力。大学生只有树立终身体育意识，才能真正提升自身的身体素质。

第一节　终身体育意识对大学生力量素质的影响

一、力量

力量是指身体或身体某部分肌肉工作时克服阻力的能力，也就是肌肉紧张与收缩时所表现出来的一种能力。

任何动作的完成都要求有相应的力量，力量素质是速度、灵敏等素质的基础，力量素质的发展和肌肉的发达是相对应的，因此发展力量素质对塑造体型、促进血液循环、增强体力有着极为重要的作用。

生理学中指出，肌肉力量是由三种因素组成，即完成动作时肌肉群收缩的合力，这主要取决于参加身体活动的每一块主动肌的最大收缩力，它可以通过逐步增加阻力的锻炼而得到增长；主动肌同对抗肌、协同肌、固定肌的协同能力，这可以通过有关动作的反复锻炼而得到改进；骨骼的杠杆作用（学术上称骨杠杆的机械效率），这取决于肌肉群的牵拉角度、每个杠杆的阻力臂和力臂的相对长度等。

由于肌肉收缩有等长和等张两种形式,所以肌肉力量亦可分为静力性和动力性两种形式。

静力性力量是肌肉做等长收缩时产生的力量,又称为等长性力量,即肢体不产生明显的移位,而是维持或固定肢体于一定位置或姿态。锻炼的方法如下。

对抗性静力练习——根据发展某部分肌肉力量的需要,确定一定的姿势,身体姿势保持固定不变,用极限的力量对抗固定的物体。

负重静力练习——根据发展某部分肌肉力量的需要,确定一定的姿势,负一定重量,身体姿势保持固定不变。

慢速动力练习——动作速度很慢,不能借用反弹和惯性力,而靠肌肉的紧张收缩来完成动作。

动力性力量是肌肉做等张收缩时所产生的力量,所以也称等张性力量,即身体产生明显的位移,或推动别的物体产生运动。动力性力量可分为重力性力量(如举重)和速度性力量(如投掷、踢球等)。爆发力是速度性力量的一种。

按人体表现出的力量与本人体重的关系,可分为绝对力量和相对力量两种。绝对力量是不考虑体重因素的最大力量数值;而相对力量,是指每千克体重所表现的力量。公式如下。

$$相对力量 = \frac{绝对力量}{本人体重}$$

发展绝对力量:一般以最大负重量的 85% ~ 100% 进行锻炼。也就是以较少的重复(1 ~ 3 次),完成最大重量或接近最大重量的练习。

发展速度力量:因速度力量是肌肉在短时间内快速收缩的能力,因此锻炼的方法应以中等或中、小重量(即最大负荷的 60% ~ 80% 左右)进行锻炼,练习的重复次数较少,以最快的速度来完成。

发展力量耐力:一般采用最大负重量的 60% 或少于 60%,重复练习要达到 12 次以上,不追求速度,但要求重复次数和坚持时间,一般做到极限。

二、终身体育意识下发展力量素质的方法

发展力量的方法,见表 5-1。

增大肌肉体积的方法:以中、大重量(大体上只能重复 6~8 次练习的重量),使肌肉工作到最大限度(肌肉高度紧张)。通过这种方法进行锻炼,肌肉就会充分发胀,产生适应性的变化,这对发展小肌肉群的力量和增大肌肉的体积效果都较好。

发展力量素质的练习有克服外部阻力的练习和克服本身体重的练习两大类。

表 5-1 发展力量的方法

练习要素	性质		
	绝对力量	速度力量	力量耐力
强度	大(80%~100%)	中(60%~80%)	小(40%~60%)
组数	多(6~10组)	中(4~6组)	少(2~4组)
次数	少(1~5次)	较多(5~15次)	多(15~30次或以上)
速度	混合速度	快速	快速或慢速
密度	较大	中等	较小

克服外部阻力的练习有:举重练习或负重练习,带一定重量的练习(如沙袋、实心球等),对抗性练习(如双人对抗等),克服弹性物体的练习(如在沙滩上走、跑等)。

克服本身体重的练习,包括如俯卧撑、引体向上、跳跃等。

发展力量素质应注意以下几点。

(1)进行发展力量素质的锻炼,注意力要集中,准备活动要做充分,重量可从轻到重,动作速度从慢到快。

(2)发展力量的一般规律是举一定重量—增加次数和组数—增加重量—再增加次数和组数—再增加重量。如此循环往复,不断提高水平。

发展力量素质的锻炼,要坚持经常进行,一般如三五天以上不坚持锻炼,力量就会开始消退。有人把参加力量训练的人分成两组,一组采用隔日训练,另一组每天训练,经过一段时间,统计两组力量的增长率,发现隔日训练组的力量增长率为 77.6%,而每日训练组的力量增长只有

74%。根据这一试验,隔日进行发展力量素质的锻炼较好。

(3)发展力量素质的锻炼,应结合速度练习和放松练习进行。例如,每组力量练习的间隙,可结合进行快频率的短距离跑步(或小跑步、高抬腿跑)练习。又如,有人研究过肌肉放松训练对速度力量发展的影响,他们把年龄相同、力量素质水平相仿的少年分为两组,一组进行肌肉的放松训练,另一组不进行放松训练,其他条件一致;经过一段时期,用肌张力计测得经过放松训练的实验组,肌肉随意放松的能力比原来增长了8倍,而不进行放松训练的对照组只增长了13倍。并且从单腿三级跳、行进间30米跑和100米跑的成绩增长上可以看到肌肉放松训练有助于速度性力量的发展。

(4)大学生进行发展力量素质的锻炼,应多采用以克服本身体重和发展速度力量为主的练习,适当采用轻器械练习。

(5)发展力量素质,应重视全面发展身体的各个部位的力量,包括上肢力量、躯干力量(腹肌、背肌、腰部两侧肌肉的力量)和下肢力量,以及举、提、蹲、负重和跳跃的能力。进行力量练习身体各部分交替进行或各种动作交替进行效果较好。在各种力量练习中,都要注意形成正确的姿势和掌握正确的动作。

第二节 终身体育意识对大学生速度素质的影响

一、速度

速度是指人体进行快速运动的能力,即在单位时间内迅速完成某一动作或通过某一距离的能力。发展速度素质,能够提高大脑皮层兴奋与抑制过程转换的灵活性和中枢神经系统的协调性。进行速度练习的能量,大部分靠肌肉中无氧代谢供给,因此通过锻炼,肌肉中的磷酸肌酸的贮备量得到增加,肌肉中糖元的含量也增多了,同时无氧分解能力也得到增强。

速度分为反应速度、动作速度和移动速度。反应速度是指人体对外界刺激反应的快慢。动作速度是指人体完成某一动作的快慢,如起动速度、出手速度和踏跳速度等。移动速度是指在单位时间内人体位移的距离,一般指周期性运动项目。

发展速度的方法很多,一般有如下几种。

(1)运用各种突发信号,进行反应速度的练习。

(2)通过掌握正确的预备姿势,形成较大的工作距离,发展动作速度。

(3)利用外界有利条件(如斜坡跑道)、减轻器械重量、反复进行快速练习等。

(4)以最快的速度进行反复练习。

二、终身体育意识下发展速度素质的注意事项

发展速度素质应注意以下几点。

(1)发展速度的锻炼应在注意力集中、体力充沛和情绪饱满的情况下进行,这样锻炼的效果比较好,而且也不易出现伤害事故。

(2)发展速度素质与增强力量、提高灵敏性和完成动作的协调性是紧密相关的。而周期性动作的每个动作效果(如跑步的步幅、游泳的划幅等)是提高移动速度的重要因素。

(3)10岁以后,发展速度素质效果比较明显。而中老年人一般应少采用无氧代谢的练习来发展速度素质。

第三节 终身体育意识对大学生耐力素质的影响

一、耐力

耐力是指人体长时间进行肌肉活动的能力,也可看作对抗疲劳的能力。

发展耐力素质对提高人的健康水平和增强人的体质有着重要意义。人们通常习惯把力量和耐力这两个运动素质作为体力的主要标志。发展耐力素质可以提高中枢神经系统支配人的有机体长时间参加肌肉活动的协调性,提高内脏器官尤其是心血管系统和呼吸系统的机能活动能力,以及提高人体的物质能量供给的能力。

耐力可分为全身耐力和局部的肢体耐力两种。在运动训练中是按一般耐力和专项耐力进行分类的。

耐力也可分为肌肉耐力和心血管耐力两种。心血管耐力又分为有氧耐力和无氧耐力。

在实践中又把人体在较长时间内保持快速运动的能力称为速度耐力，而把在较长时间内能保持用力的能力称为力量耐力。

二、终身体育意识下发展耐力素质的方法

全身耐力素质的锻炼，多采用走、跑、游泳等周期性动作和长时间进行某些内容的身体锻炼。全身耐力素质的锻炼以有氧代谢为主，也就是说对健康的青、壮年人来说，锻炼 5 ～ 15 分钟，每分钟心率达到 120 次以上，150 次左右即可。

发展耐力素质的锻炼，应以个人原有的耐力水平为基础，逐步增加运动负荷。每次锻炼对于量和强度、动作的次数和重量、快与慢、距离与速度，以及锻炼中练习的间隙、休息时间、每周的锻炼次数与间隙，要全面地考虑，合理地安排，使耐力素质逐步得到发展。

对青少年和儿童的耐力锻炼应结合发展速度素质的锻炼。尤其是青少年儿童的耐力锻炼应量力而行，不要练得过累。对中老年人的耐力锻炼，应着重发展全身耐力素质。

第四节　终身体育意识对大学生柔韧素质的影响

一、柔韧

柔韧是指人的关节的活动幅度、肌肉和韧带的伸展性和弹性。发展柔韧素质对于增大动作幅度，掌握与提高动作质量，以及避免伤害事故都有积极作用。

柔韧取决于三个因素：（1）关节的骨结构；（2）关节周围组织的体积；（3）跨过关节的韧带、肌腱和肌肉的伸展性和弹性。

发展柔韧素质有动力性和静力性两种。静力性是指做相对静止的一些练习,要求逐渐拉长肌肉和结缔组织,如压腿、压肩的练习。在静力性练习中,又有被动和主动两种形式。被动形式是在别人帮助下,使肌肉伸展和关节的活动范围增大,而主动形式是自己控制肌肉伸展和关节的活动范围。

二、终身体育意识下发展柔韧素质的要求

发展柔韧素质应注意的几点要求如下。

(1)柔韧和柔软二者有联系,如二者都指关节活动范围,但柔韧不同于柔软的是强调"柔中有刚",要求在加大动作幅度的同时要加快动作的速度和加大动作的力量。因此,在发展柔韧素质时要注意结合发展力量和速度。

(2)发展柔韧素质易见效,也易消退,贵在坚持经常练。在生长发育时期发展柔韧素质比成年人易见成效。但即使是成年人,也应注意和坚持发展柔韧素质的锻炼,这对于避免受伤和提高灵活性都有作用。其实,在日常的身体锻炼和生活中,只要注意增大动作的幅度,就能收到发展柔韧素质的效果。

(3)发展柔韧素质,应在做好准备活动、身体发热后进行,练习时动作幅度应逐渐增大,速度从慢到快,用力从小到大,以防止拉伤。

第五节 终身体育意识对大学生灵敏素质的影响

一、灵敏素质

灵敏是指人在突变的或复杂的条件下,灵活、快速而准确地完成动作的能力。它是动作技能的掌握和运动素质的发展在运动过程中的综合表现。

发展灵敏素质,对提高大脑皮层神经过程的灵活性,发展快速反应,提高速度和动作的准确性、协调性,以及掌握多种多样的动作都有积极的作用。

二、终身体育意识下发展灵敏素质的方法

发展灵敏素质应采用多种多样的方法。

（1）动作技能掌握愈多愈熟练，"熟能生巧"，就会显得愈灵敏。

（2）在各种变化和复杂的条件下练习，能提高反应能力，提升灵敏素质。

（3）在各种模式条件下，反复练习，改进动作，提高要求以提升灵敏素质。

发展灵敏素质应注意以下几点要求。

（1）灵敏素质在少年儿童时期（一般在第二生长发育高峰的一年左右）发展效果较明显。在中老年期由于肌力衰退，灵敏素质下降得比较明显，应做点难度小的灵敏练习，有利于推迟灵敏素质的衰退。

（2）发展灵敏素质应在准备活动后，体力比较充沛时进行。在疲劳时不宜发展灵敏素质。

（3）发展灵敏素质，应遵守从易到难、从简到繁，不断变化动作内容和动作速度的要求。

（4）发展灵敏素质要结合掌握动作，发展速度、力量等运动素质进行。

第六章 大学生力量素质训练与提升

力量素质是人体运动的基本素质,与其他素质之间关系密切,是练习者掌握运动技能、提高运动成绩的基础。力量素质训练是体能训练的基础,在体能训练中起着非常重要的作用。科学的力量素质训练理论与方法对于指导练习者开展实际的体能训练必不可少,能够极大地满足练习者的需求。

第一节 力量素质概述

一、力量素质的概念

力量素质指人体或人体某部位的肌肉在工作过程中采用收缩或舒张的方式克服内、外阻力的能力。外部阻力包括物品的重量、外部摩擦力、空气或水的阻力等。内部阻力包括机体内部肌肉的黏滞力、各肌肉之间的对抗力等。力量素质训练通常采用外部阻力发展力量素质,人体在努力克服外部阻力的过程中,不断提高、发展力量素质。

力量素质极大地影响着人体运动,作为衡量练习者身体训练水平的一项重要指标,其重要性主要体现在以下方面。

(1)是一切体育活动的基础。完成任何体育活动都离不开肌肉以不同的强度、速度进行工作,从而带动骨骼的移动。若没有肌肉的收缩、舒张,就不可能产生牵拉力量,不可能从事任何体育活动,甚至无法站立、行走。

(2)促进其他身体素质的发展。肌肉的工作方式与任何一种身体素质都有密切的关系,良好的力量素质有助于提高速度素质、增长耐力素质、发挥柔韧素质、表现灵敏素质。与此同时,力量的提高能够增加肌肉弹性,促进灵敏素质、柔韧素质的快速发展。

二、力量素质的种类

在运动训练实践中,通常按照力量训练的特征对力量素质进行划分,常见的力量素质有四种。

(一)最大力量

最大力量指人体或人体某部位的肌肉在工作过程中克服最大内外阻力的能力,或肌肉群中数量最多的肌纤维在工作时发挥的最大能力。最大力量有如下具体特点。

(1)作为一个变量,最大力量因人而异,不仅受到个体遗传、年龄、性别、训练水平等多种因素的影响,还受到个体肌肉收缩的内协调力、关节角度、骨杠杆的机械效率等因素的影响。

(2)可以通过合理训练促进最大力量的增长。有两种具体方式实现最大力量的增长,一是改变参与工作的肌肉纤维的内部结构、机能,二是增加参与工作的肌肉纤维的数量。

(3)最大力量可用测力计、拉力器等工具进行测定,考察机体所能承受的最大重量。

(二)相对力量

相对力量指人体单位体重表现出来的最大力量值,反映最大力量与体重之间的关系。相对力量有如下具体特点。

(1)其数值大小可用力量体重指数表示,即相对力量 = 最大力量 / 体重(单位:千克)。

(2)一些运动项目,如体操、举重、摔跤等,十分关注相对力量的大小。以举重比赛为例,举重比赛的实质就是考察大学生相对力量的大小,因此大学生不仅需要提升最大力量,还需要控制自身体重。

(三)速度力量

速度力量指人体在短时间内爆发出的肌肉力量,或人体在特定负荷下表现出来的最大动作速度,包括起动力、爆发力和制动力。起动力指在 0.15 秒的时间内最快发挥肌肉力量的能力；爆发力指在 0.15 秒的时间内以最大加速度克服阻力的能力；制动力指以较高加速度向相反方向运动的能力。速度力量有如下具体特点。

（1）人体肌肉的收缩速度、最大力量水平决定了速度力量的大小。速度力量的大小与速度、力量两个因素相关。

（2）不同运动项目对速度力量的要求不同。短跑大学生需要具备较强的爆发力，网球大学生需要具备较强的下肢制动力。

（四）力量耐力

力量耐力指人体在克服外部阻力的过程中，能够长时间使肌肉保持紧张状态，不降低工作效率的能力。根据力量耐力的不同表现形式进行划分，力量耐力可分为两种：动力性力量耐力、静力性力量耐力。动力性力量耐力又可进一步细分为两种类型：最大力量耐力（即重复发挥最大力量的能力）、快速力量耐力（即重复发挥快速力量的能力）。力量耐力有如下具体特点。

（1）神经兴奋和抑制过程的强度、灵活性、延续性，肌肉供能的顺畅性决定了力量耐力的大小。

（2）不同运动项目力量耐力的表现形式不同。田径、游泳、体操等运动项目均需要较强的动力性力量耐力。射击、射箭等运动项目则需要大学生有较强的静力性力量耐力。

三、力量素质的决定因素

一个人力量素质的大小受到生长发育水平，肌肉自身形态、结构、特征，受训者的心理素质，训练等多种因素的制约。了解力量素质的决定因素，探究不同因素对力量素质的不同影响，对提高力量素质的训练效果至关重要。

（一）与生长发育有关的因素

1. 性别

通常情况下，男性的力量素质要优于女性，这是由于男性和女性在生理上存在肌肉大小的差异。女性力量的增长和肌肉体积的增大要略慢于男性，这是由于有机体内的睾丸酮激素调节肌肉的体积，而正常男性体内的睾丸酮激素高于女性。因此，即使男性和女性的肌肉力量增加相同的单位，女性肌肉的体积大小仍不如男性。

2. 年龄

肌肉发育与个体的年龄大小密切相关，力量素质的发展具有明显的年龄特征。通常情况下，10 岁以前的男孩或女孩，随着人体的生长发育，力量持续缓慢、平稳地增长，且男女之间差别不大。从 11 岁开始，男孩力量素质的增长速度开始快于女孩。到了青春期，男性、女性的力量仍处于增长的态势，但增长速率变低。男性在 25 岁左右达到最大力量，女性则在 20 岁左右就达到了。

13~17 岁是力量素质发展的敏感期和关键期，此年龄段亦是最大力量进入快速增长的第一个高峰期。此时，力量、体重的增长速度保持一致，最大力量增长速度快，相对力量却增幅不明显。与此同时，肌肉长度的增长速度高于横度的增长速度，身高快速增长。

3. 体型

有相关研究结果表明，运动训练能在一定程度上改善人的体型，而人体的体型也能影响一个人的运动能力。体型与力量素质的大小息息相关。通常情况下，体格健壮的人拥有较为发达的肌肉，表现出来的力量相对较大，力量素质较高；体型匀称的人通常肌肉线条比较清晰，最大力量不如体格健壮的人，但是往往会有较好的速度力量；体型较为瘦弱的人力量比较差，力量素质较低；肥胖型的人则"中看不中用"，看起来最大力量较好，但由于体重较重，相对力量较低，其力量水平堪忧，过厚的脂肪影响了自身的力量素质。因此，最好通过运动训练形成健壮的体格。

（二）与肌肉形态、组织结构有关的因素

人体肌肉的形态、组织结构等因素会影响力量素质，此因素对发展力量素质十分重要。

1. 白肌纤维在肌肉中的相对比例

不同类型的肌纤维在肌肉中所占的比例大小影响着肌肉力量。肌纤维分为两种：白肌纤维（又称快肌纤维）、红肌纤维（又称慢肌纤维）。在人体的各块肌肉中，分别含有两种类型的肌纤维，只是二者的比例存在差异。人体肌肉中，红肌纤维和白肌纤维的比例受遗传因素的影响，同一个人不同部位肌肉的红、白肌纤维的比例也有所不同。在开展不同强度、不同速度的运动训练时，参与肌肉收缩的肌纤维类型有所区别。一般来说，在特定的负荷强度下用较慢的速度完成动作时，起主导作用的是红肌纤维；用较快的速度完成动作时，白肌纤维起着主导作用。

有科学研究表明，白肌纤维与红肌纤维在功能上存在着较大的差异。

（1）相比于红肌纤维，白肌纤维的无氧代谢能力更强。白肌纤维中促使磷酸原系统（ATP-CP）快速作用的酶的活性是红肌纤维的4倍。白肌纤维中促使糖酵解的酶的活性至少是红肌纤维的3倍。

（2）白肌纤维中，用于支配人体运动的神经元的传导速度更快。白肌纤维达到最大张力所需的时间远远少于红肌纤维。

（3）相比于白肌纤维，红肌纤维的有氧代谢能力更强，有氧氧化酶系统活性更高。红肌纤维毛细血管的数量、线粒体的大小和体积等也均高于白肌纤维。

在竞技体育中，肌肉中白肌纤维含量较高的大学生通常从事时间短、强度大的运动项目，肌肉中红肌纤维含量较高的大学生通常从事时间长、强度不大的耐力性运动。

总而言之，白肌纤维在肌肉中的相对比例影响着力量素质的表现。白肌纤维的比例越高，肌肉收缩的能力越大。与此同时，在进行运动项目选材时，需要将肌纤维类型、不同肌纤维在肌肉中的比例作为重要的指标。

2. 肌肉的初长度

肌肉收缩、扩张前的初长度与人的肌力大小息息相关。通常来说，肌肉的初长度越长，肌肉的弹性越好，拉长后收缩时产生的张力越大。肌梭能感知肌纤维长度的变化，当肌肉拉长时，为了对抗拉力，肌梭会产生冲动，提高肌纤维的回缩力。肌肉拉长到一定程度时，会引起牵张反射，提高肌力的发挥效率。

有相关研究表明，肌肉长度（即肌肉两头肌腱之间的长度）与肌肉体积发展的潜力有关，而肌肉的体积决定着一个人力量的大小。举例来说明,现有两个人,其肱三头肌长度分别为10厘米、15厘米,后者的长度是前者的1.5倍,那么后者的肌肉横断面潜力等于前者的1.5×1.5=2.25倍,肌肉力量发展潜力等于前者的1.5×1.5×1.5=3.375倍。运动训练前,即使两个人手臂的肌肉体积相当,在训练结束后,后者的肌肉体积和肌肉力量要远远高于前者。

3. 参与活动的肌纤维数量

每块肌肉中都存在着许多肌纤维,当人体在运动训练中进行肌肉收缩时,并非所有的肌纤维都能快速被动员,参与活动。但在同一时间参与活动的肌纤维越多,肌肉收缩时产生的力量就越大。运动生理学相关理论表明,人体肌肉中的肌纤维数目、红肌纤维和白肌纤维的比例受到遗传因素的影响,在出生5个月后就已经确定。之后,即使年龄逐渐增加,经常参加运动训练也无法改变肌肉中肌纤维的数目、红肌纤维和白肌纤维的比例,只能在一定程度上改变肌纤维的形态、功能和参与活动的肌纤维数目。

在竞技体育赛场上,大学生新手在参与活动时一般只能动员60%左右的肌纤维,优秀大学生则可动员90%左右的肌纤维,短时间内参与活动的肌纤维数目的增加与训练后神经冲动强度、频率的增加有关。

(三)心理因素

人的心理因素会影响力量素质、运动能力的发展。一个人如果有过痛苦的运动经历、严重的运动损伤,或是缺乏信心,常常在训练过程中产生焦虑、紧张的情绪,不及时加以干预,极有可能引发一系列的心理障碍,使整个神经系统在运动过程中处于抑制状态,对肌肉调节的功能减弱,以致不能充分发挥最大肌肉力量。因此,需要在开展运动训练的同时,有意识地培养自身对情绪的调节能力、注意力集中能力、顽强的意志品质等,具备发展力量素质的心理条件。大学生在比赛前可以通过多种方式锻炼自己的心理素质,例如,"意识集中法""心理准备法""自我暗示法"等多种方法,从而帮助人体各系统进入高度紧张的工作状态,调动积极力量,解除抑制,充分发挥出肌肉力量,突破自身局限。

心理因素是影响力量发挥的一个重要因素,教练员、体育科研人员都十分重视大学生的心理素质。体育训练相关课题需要为大学生提供克服消极心理因素的方法,科学的心理调节方法能有效提升运动训练的效果。

(四)训练因素

运动训练中的诸多因素都会对力量素质(包括力量的大小、力量特性等)产生影响。

1. 负荷强度与重复次数

有研究表明,要想发展最大力量,保证运动训练的效果,需要在练习时负荷较大的重量,尤其是若要提升肌肉群的力量素质,需要肌肉群接受超负荷训练。实践表明,如果负荷重量、重复次数适中,那么肌肉体积的增大较为明显;如果负荷重量偏小,重复次数偏多,那么主要发展锻炼肌肉耐力。

进行运动训练时,应该注意控制每组练习的间歇时间,保证留有充足的间歇时间,使机体消耗的能量得到恢复后再进行下一组练习。

2. 动作速度

在运动训练的过程中,完成技术动作的速度在很大程度上影响着发展力量的特性。例如,在训练时加快单个动作的速度,能有效发展爆发力;在训练时加快单个动作速度的同时,加快动作的频率,能有效发展一般速度力量。不强调动作的速度,仅强调每次练习的负荷量,能有效发展最大力量。

3. 原有训练基础

相比于有一定训练基础的人,基础较差者在开始训练后,力量增长的速度会很快,但如果停止训练,提升的力量素质就会逐渐下降,且下降速度一般为提升速度的1/3。换言之,力量提高得越快,停止训练后力量素质下降得也越快。相关实践结果表明,若训练的频率维持在每6周一次,就可以降低力量的消退速度;若训练的频率维持在1~2周一次,则可以基本保持所获得的力量。

四、力量素质的训练要点

（一）全面发展与重点发展相结合

受训者在参加运动训练或比赛的过程中,各种动作的完成需要身体不同部位、不同肌肉群的协同工作,这一工作内容可以说是非常复杂的。因此,在安排力量素质训练时,不仅需要使主要肌肉群(如四肢、腰、腹、背、臀部等部位的肌肉群)得到有效的训练,而且需要发展较为薄弱的小肌肉群的力量。但这并不意味着要做到面面俱到,各种类型的力量素质得到平均发展,而是应该将全面发展与重点发展相结合,在发展整体力量素质的基础上,突出力量训练的重点。

（二）一般力量训练与专项力量训练相结合

在进行力量训练时,受训者还应注意将一般力量训练与专项力量训练结合起来,这样才有可能取得理想的训练效果。力量可以说是其他体能素质的重要基础,因此力量素质的训练至关重要。作为不同专业的受训者,要认清运动项目的特点和体能需求,采取有针对性的力量训练方式进行训练。除此之外,还要将力量训练与专项力量训练结合起来,进一步提升力量训练的效果和质量。

（三）坚持力量训练的系统性、科学性、连续性

在具体的力量训练中,还应坚持训练的系统性、科学性和连续性,保证训练周期中各项训练活动的顺利进行。与此同时,训练负荷的安排应呈现周期性、波浪式的变化特点。教练应综合考虑训练课的任务、训练周期、现阶段受训者的情况等多项因素,决定力量训练课的次数,设计科学的训练课程,保证取得理想的训练效果。

在一堂训练课中,教练可先安排针对最大力量、速度力量的练习,再安排针对力量耐力的练习。另外,应该做到使各肌肉群交替"工作"。例如,训练课开始时,依次开展下肢肌肉群、躯干肌肉群、上肢肌肉群、肩带肌肉群的综合练习,在确定针对不同肌肉群的练习顺序时,应先确保大量的肌肉群已经投入工作,再起动局部肌肉群投入工作,保证力量训练课程的系统性和科学性。力量训练的系统性、科学性和连续性非常重要,受训者一定要坚持参加训练,努力提升自身的力量素质,从而为

第六章　大学生力量素质训练与提升

其他素质的提高奠定良好的基础。

五、力量素质训练的基本原则

（一）肌肉克服阻力做功原则

在选择具体的肌肉力量训练方法时，需要保证最终选择的动作使目标肌肉克服阻力（即肌拉力要与外力方向相反）做功。例如，双手握哑铃做双臂胸前弯举的动作，能够有效发展肱二头肌的力量，却无法提升肱三头肌的力量；双臂颈后弯举动作，能够通过肘关节伸屈提升肱三头肌的拉力。可以根据此原则和训练者的不同需求，制订出各种提升力量素质的有效方法。

（二）超负荷原则

超负荷指超过平常遇到的阻力，在训练过程中遵循超负荷原则，迫使肌肉、肌群对抗最大（或接近最大）阻力做功，能有效发展肌肉力量，使肌肉实现最大程度地收缩，进而刺激神经肌肉系统实现生理学适应，达到肌肉力量增长的目的。低负荷训练起不到明显的训练效果，只能使肌肉力量维持在原有水平。

科学研究表明，超负荷训练常常会引起肌蛋白的分解，产生超量恢复现象。在超量恢复的过程中，肌肉的成分会重新组合，肌蛋白的含量得到提高，从而让肌肉变得更加粗壮有力。综上所述，应该合理安排超负荷训练，以引起超量恢复，从而达到发展力量素质的目的。

（三）循序递增负荷原则

在开展力量素质训练时，必须遵循循序递增负荷原则，定期、逐渐增加训练负荷，使想要训练的肌肉依次对抗更强的阻力，保证肌肉在超负荷的条件下进行训练，不断产生新的生理适应。

（四）区别对待原则

开展力量素质训练应该遵循区别对待原则，充分考虑训练对象的年龄、性别、身体素质、训练水平等，为不同的受训者设计有较强针对性的训练方案。有实践研究表明，不宜对青少年采取超负荷力量训练；刚开始训练的人每周上 3 次课，训练效果最好；而对训练有素的受训者来说,训练课的次数可以尽量安排得紧凑一些。由此可见,不同受训者的恢复过程不同,适应性变化也不相同,力量素质训练应该重视受训者的个体差异。

第二节 大学生力量素质训练的常用方法与手段

一、上臂肌群力量训练方法

《运动解剖学》一书指出:肱骨分隔开上臂肌群,形成前后两群,前群为屈肌,主要有浅层的肱二头肌、深层的肱肌和喙肱肌等;后群为伸肌,主要有肱三头肌和肘肌。[1]发展上臂肌群力量可采用不同的方法练习动作,塑造上臂肌肉的线条,拥有强大的上臂力量。

(一)单臂屈伸

方法:坐于长凳上,双脚置于地面,双脚间距略宽于肩,一手低手直臂抓握杠铃片(或哑铃),肘部靠近大腿内侧,另一臂伸直撑于长凳上,吸气并屈臂举杠铃片(或哑铃),完成动作时呼气,反复练习。[2]

要求:上体稍稍向前倾斜,手臂的屈伸幅度要大。

(二)拉力器臂屈伸

方法:双脚自然分开站立在拉力器前1米处,面向拉力器。双脚间距与肩同宽,两脚尖略向外,呈八字形。抬头,直背,目视前方。反手握住拉力器手柄,反复屈臂,连续快速提拉手柄。

要求:始终伸直身体,提拉手柄时,尽可能地将手柄拉至胸前。

(三)杠铃臂屈伸

方法:背部挺直,双脚、双手分开,略宽于肩,两手反手握杠铃,屈臂举杠铃直至胸前,后恢复到初始姿势,反复练习。

---

[1] 徐国栋,袁琼嘉.运动解剖学[M].北京:人民体育出版社,2012:119.
[2] 谭成清.体能训练[M].长沙:湖南师范大学出版社,2012:203.

要求：身体始终保持正直，吸气紧腰。

（四）坐姿臂屈伸

方法：坐在训练机上，双脚自然放置于地面，略宽于肩，同时双臂伸直，双手反手握住杠铃，两肘部抵在托垫的边缘。吸气用力，屈臂牵拉杠铃至额前，后恢复到初始姿势，反复练习。

要求：禁止手腕弯曲，注意臂部用力，训练者可以根据自身的情况，适当增加杠铃重量以增加难度。

（五）仰卧臂屈伸

方法：仰卧在长凳上，双脚放于地面，间距略宽于肩，与此同时，伸直双臂，正手抓住杠铃后屈肘，以肩为圆心、手臂为半径，沿半圆形轨迹缓慢下降，使杠铃缓缓下落于头部后侧，并尽量向远处延伸，后缓慢恢复至初始姿势，反复练习。

要求：时刻保持身体的平衡、稳定，双手、双臂同时发力，切忌向两侧晃动。

二、肩背部肌群力量训练方法

肩部是上肢的重要组成部分，肩部主要肌群包括胸大肌、三角肌、背阔肌、肩旋转肌群和大圆肌。拥有发达的肩部、强大的肩部力量会让人充满安全感，接下来介绍常见的肩部训练方法。由于肩部比较容易受伤，训练者需要严格遵守训练方法和训练要求展开日常的训练。

（一）颈后推举

方法：坐在长凳上，双脚自然放置于地面，比肩略宽，同时抬头，挺直背部，双臂伸直，两手正手握住杠铃，并缓慢将杠铃举至头顶，之后两前臂向后弯曲至颈后。随后，缓慢恢复至初始姿势，反复练习。

要求：始终挺直后背，禁止弓背。

（二）站姿单臂侧拉

方法：身体侧对训练机，站立于距离训练机1.5米处，双腿分开，距离比肩略宽，右手紧紧握住拉力器的手柄，缓慢用力下拉手柄至体侧，后缓慢上举右臂呈侧举状态,再用力下拉至体侧,反复练习。

要求:保持背部挺直,伸臂过程中保持上臂伸直。

(三)体前屈杠铃片侧举

方法:双脚分开站立,两脚之间的间距略宽于肩,两膝盖微微弯曲,同时弯腰,保持上身与地面平行,双手持杠铃片(或者哑铃)自然下垂,与地面成直角,双臂伸直。双臂用力将杠铃片(或者哑铃)平举至与地面平行,待动作完成后,呼气并缓慢恢复到双臂自然下垂的状态,不断重复练习。

要求:上体保持向前倾斜,始终挺直背部。

(四)握杠铃片前举

方法:双脚分开站立,两脚之间的间距略宽于肩,双臂伸直放于腹前,双手重叠握住杠铃片(或哑铃)放置在大腿的前部,掌心向内。之后将杠铃片(或哑铃)前举至与地面平行,再缓慢恢复至初始姿势,不断练习。

要求:抬头,挺直背部,同时挺胸收腹,前举杠铃片(或哑铃)时,动作要缓慢,注意均匀用力,保持动作的连贯性。

(五)体前屈侧拉

方法:双脚分开,侧立于拉力器前方约 1.5 米处,双膝微微弯曲,上体保持前倾,同时双臂下垂。单臂伸直,单手握住拉力器的手柄,侧拉拉力器直至胸前下方,随后缓慢恢复至初始姿势,不断地反复练习。

要求:双膝要保持微微弯曲,同时背部挺直,双手可采取交换练习。

(六)坐姿下拉

方法:

(1)对拉力器的座椅、膝垫进行调整,使之与自己的体型或习惯保持高度的符合。

(2)对适宜的重量进行选择,在椅子上坐好,膝垫紧贴大腿,双手抓握拉力器的手柄,间距比肩宽稍大。

(3)双手用力拉手柄使之靠近胸部,髋部顺势向后倾斜,注意控制好手臂的力量。

（4）手臂向上伸展还原。有控制地完成整个动作。反复练习。

要求：肩部保持正常姿态，不要耸肩。

（七）双杠支撑臂屈伸推起

方法：

（1）抓住器械手柄，调整姿势，手臂伸直用力支撑体重。

（2）屈膝，两脚离地向后伸展，直至小腿平行于地面。

（3）肘关节弯曲使身体下移，直至大小臂几乎垂直，躯干始终保持正直，身体稳固不晃动。

（4）手臂伸展，身体上移，腿部姿势不变。反复练习。

要求：肩部保持正常姿态，不要耸肩。

三、腿部肌群力量训练方法

腿部肌群可以称得上是全身最大、力量最足的肌肉群，包括大腿肌群（包括大腿前部、后部、大腿内侧肌肉群等）、小腿肌群（包括小腿前侧、外侧、后侧肌群等）。科学的腿部训练能够促进睾丸酮激素分泌，从而帮助更快地修复肌肉，促进全身力量的增长。

（一）下蹲起立

方法：身体正直，双脚分开站立，与肩同宽，双臂伸直放于体侧，两手各持一个杠铃片（或哑铃）。吸气用力，轻度挺胸收腹，缓慢下蹲直至大腿与地面平行，随后缓慢恢复至初始姿势，待动作完成后呼气，略微放松，不断进行练习。

要求：身体保持平衡，不要向左右方倾斜，始终抬头，目视前方。

（二）负重深蹲

方法：

（1）两脚自然分开，略宽于肩，辅助者将杠铃放在练习者头部后方斜方肌上，练习者双手抓住杠铃。

（2）上体挺直，身体缓慢下蹲，直至大腿平行于（或低于）地面，伸展膝关节和髋部，恢复至初始直立姿势。反复练习。

要求：膝关节与脚尖方向一致，下蹲时注意保持身体的平衡，如

图 6-1 所示。

图 6-1 负重深蹲[①]

(三)仰卧小腿屈伸

方法:仰卧在训练机的凳面上,双腿微微分开,与肩同宽,小腿发力向上踢出,待膝盖伸直后,缓缓下落,恢复至初始姿势,反复进行练习。

要求:双臀紧紧贴在坐垫上,双臂可自然放置于身体两侧或交叉放于胸前。

(四)拉力器直腿内收

方法:单腿站立,侧站于拉力器前 1.5 米处,将拉力器系在一条腿的脚踝处,另一条腿支撑在地面上,另一侧的手抓住训练机的扶手,起到支撑身体的作用。与拉力器相连的腿伸直用力,逐渐内收,向支撑腿靠近。

要求:始终保持抬头、直背,臀部不可后撅。

---

① Foran, Bill. 高水平竞技体能训练[M]. 袁守龙,刘爱杰,译. 北京:北京体育大学出版社,2006:169.

（五）跳跃练习

（1）器材辅助纵跳

器材辅助纵跳就是利用器材进行纵向跳跃运动。通过器材的辅助，能更好地利用自身的重量来进行纵向的跳跃练习，从而达到增强力量的目的。

例如，跳深练习、跳栏架、跳垫子、跳台阶、立定跳高、跳绳等。

（2）向上纵跳

克服自身重力，通过自己整个身体的积极向上纵跳来达到增加力量的目的。我们自身的重量其实就是一个很好的力量训练器材，利用自身重力，反复快速地做向上跳跃运动，同样可以达到增强力量的目的。

例如，收腹跳、提膝跳、换腿跳、立卧撑跳、弓箭步跳、组合跳等。

（3）单脚、双脚连续纵跳

单脚连续纵跳、双脚连续纵跳，这种练习既可以发展下肢力量，又提高了弹跳能力。

（4）摸高跳

包括原地摸高跳，助跑摸高跳。高度可以根据学生情况而定。

（5）爆发前跳

从静止状态开始，通过腿部力量爆发，使得整个身体向前跳跃，以此来提高腿部力量。通过腿部力量的爆发式发力，推动身体横向移动，大腿力量在蹬地运动中不断得到提高。

例如，立定跳远、蛙跳、立定三级跳远、多级跨跳、多级蛙跳、单腿跳等。

四、腰腹部肌群力量训练方法

腰腹部肌群对于人的生理健康、体育运动至关重要，训练腰腹部肌群不仅能够提高人体的运动表现力，还具有保护脊柱、改善消化系统等诸多作用。

（一）仰卧起坐

仰卧起坐主要可以发展腹肌、髂腰肌等肌肉力量。要求起坐动作速度要快，双肘应触及或超过两膝，上体成仰卧时动作速度应慢，两肩胛必须触垫,臀部不得有离垫的附加动作。这个练习可以采用不同变化来增加练习难度,提高练习效果。

(1)仰卧起坐转体

练习者做仰卧起坐同时转体,用异侧臂的肘关节触膝。

(2)斜面仰卧起坐

练习者仰卧于斜板上,双脚紧紧钩住斜板上的套带(或固定物),腹部用力,在斜面的器械上连续做仰卧起坐,随后还原至初始姿势,不断反复进行练习。

(二)收腹举腿

主要发展腹肌和髋关节屈肌群的力量。

要求:收腹举腿动作速度要快,放腿速度要慢。

具体方法:仰卧在体操垫上,两腿伸直处于水平位置,两臂伸直自然置于体侧,然后收腹向上举起双腿至垂直位置,再慢慢放下成原来姿势。也可以采用不同变化来提高练习难度和效果。

(1)夹球收腹举腿

仰卧,两只脚夹住一个实心球做收腹举腿。

(2)加外力的收腹举腿

仰卧,两手握住同伴脚踝做举腿动作,同伴用手推练习者双脚,形成阻力,增强腹肌的控制能力。

要求:练习者举腿速度要快,放下时腿不许着地。

(3)悬垂收腹举腿

双臂悬垂于器械上,伸直,双手正握杠,与此同时,双腿并拢伸直。屈膝上举双腿,根据训练要求,举腿 90~180 度,维持此动作 1~2 秒钟,再缓慢恢复至初始姿势,反复练习。

要求:举腿过程中仅靠腹部发力,双臂不发力。

(4)夹球悬垂收腹举腿

在悬垂收腹举腿的基础上,双脚夹负重球做收腹举腿。

(三)跪立收腹下拉

方法:双膝跪地,身体正直,抬头,双臂伸直,双手握住拉杆,举于头顶的正上方。腹部用力,保持双臂伸直,弯腰向下将拉杆拉动至所能到达的最低位置,动作进行时呼气。随后还原至初始姿势,重复练习。

要求：下拉过程中靠腹部发力,手臂尽量不要用力。

（四）后振躯干

方法：俯卧于垫上,两臂前伸或背于腰间；同伴握住脚踝,练习者在同伴的帮助下做后振躯干动作,再恢复至原来姿势。

要求：后振展腹速度要快,复原要慢。

（五）俯卧两头起

方法：俯卧于垫上,两臂前伸,两腿伸直,上体和下体同时发力后振,再恢复至原来姿势。

要求：后振展腹速度要快,复原要慢。

（六）半屈膝硬拉

主要发展腰部、臀部、大腿后肌肉群。
方法：
（1）两脚分开,间距同髋宽。双手抓握杠铃,手臂自然下垂放在大腿侧面。
（2）稍屈膝,收缩肩胛骨,保持肩部稳固。
（3）上体前屈至背部基本平行地面,背部平直,双手握杠铃顺势从大腿下滑到小腿。躯干稳固,杠铃一直与腿部紧贴。
（4）慢慢起身还原。
反复练习。

五、其他力量素质训练的常用手段

（一）高翻

方法：
两脚开立,屈膝下蹲,双手正握抓杠,手臂伸直,背部平直；挺胸,目视前方或前上方。用力提起杠铃,保持肘关节充分伸直并使杠铃尽可能接近胫骨。

当杠铃提至膝部上方时,充分伸展髋、膝、踝关节,使杠铃与身体尽量靠近。背部始终平直。同时还要充分伸展肘关节,并向上耸肩。

当肩向上至最高点时,慢慢屈肘,用臂推举杠铃。头部正直,屈髋和屈膝,使身体处于 1/4 下蹲姿势。

双臂在杠铃之下时,抬肘使上臂平行于地面,将杠铃置于锁骨和三角肌前束上。此时头部位置正中,双脚平稳站立。

待身体平稳,通过伸展髋和膝部使身体充分直立。

反复练习。

(二)抓举

在上述高翻动作的基础上进行抓举。

两脚开立,屈膝下蹲,杠铃直线下移。达到下蹲的最低姿势,迅速伸展髋、膝关节,同时用力向上举起杠铃,当髋、膝关节充分伸展且杠铃在头部上方后,屈髋,屈膝,同时肘关节充分伸展,达到最大高度时将杠铃举过头顶并控制好杠铃,此时肘、膝、髋关节充分伸展,头部位置正中,杠铃在头部稍后位置。

反复练习。

完整的抓举动作如图 6-2 所示。

图 6-2　推举[①]

---

① Foran, Bill. 高水平竞技体能训练[M]. 袁守龙,刘爱杰,译. 北京:北京体育大学出版社,2006:176.

第三节　提升大学生力量素质的专项运动训练

一、大学生篮球专项体能训练的原则

（一）刺激—适应原则

通过负荷刺激与机能适应机制可以解释大学生在体能训练中体能提高的现象。大学生应不断提高自己机能系统功能的适应能力，以满足篮球专项的特殊要求。大学生的体能水平越高，其身体机能系统的适应程度就越强。而大学生只有经过长期专门的训练才能实现该目标。

在体能训练中，大学生机体长期受训练负荷和外界环境的刺激，这样可以有效改善自身的器官和系统结构与机能，我们将此称作"训练适应"。激烈的篮球比赛对大学生的体能能力提出了较高的要求，而器官与系统机能的改善能够满足大学生的这种需求，并依据刺激—反应—适应—提高—再刺激—再反应的规律达到新的适应，从而不断提高适应能力和体能能力。

在篮球专项体能训练中，通过各类身体练习对大学生的机体施加刺激，以达到提高大学生训练适应能力和机能能力的效果。

（二）一般与专项结合的原则

大学生在专项体能训练中需先进行必要的一般体能训练，将一般与专项结合起来。专项体能训练是从大学生的专项能力和技战术特点出发安排的，旨在培养大学生专项技能提高所需的专项运动素质，为其创造优异专项运动成绩打好基础。

体能训练有多方面的功能与作用，创造优异运动成绩就是其中非常重要的一个功能表现，体能训练不能与运动专项相脱离，否则就会失去训练的意义。在篮球专项训练中，技战术练习是主体内容，体能训练是基础内容，为技战术训练提供坚实的基础。所以，在篮球体能训练中，必须重点突出训练内容和训练手段，并与专项需要结合起来；必须对一般和专项训练的比重进行科学安排；要将与专项有关的最重要的运动素质和机能确定下来，进行针对性练习。

（三）体能与技战术结合的原则

大学生发挥与运用技战术，首先要具备良好的身体素质条件，即具备篮球运动所需的专项体能素质。大学生在赛场上要实施攻击和防守的技战术方案，必须提前加强体能训练，这是实现赛场上各项比赛目的的重要手段，只有具备了良好的体能素质，大学生才能发挥个人的技术和战术，才能与队员协调配合，才能创造并抓住战机，达到攻击得分、取得优异比赛成绩的目的。所以，在篮球专项训练中，体能训练必须突出专项性。只有将专项体能训练与专项技术战术真正结合起来，才能达到训练目的。此外，大学生所获得的技战术能力也能够在体能训练中得到检验并不断完善，在技战术训练中，大学生的体能能够得到进一步发展和巩固。为此，要从大学生的水平、篮球运动特点和不同训练阶段的任务出发，对二者的训练比重进行合理安排。

篮球教师需要注意，要从大学生的实际情况、训练任务等客观实际出发来灵活安排专项体能训练与技战术训练相结合的问题。大学生必须清楚，体能是自己充分发挥运动技术的基础，自己在运动技能方面的欠缺可以通过体能弥补，体能是自身在赛场上有效扼止对方的重要手段，在体能上占优势的大学生最终夺取胜利的可能性会大大提高。所以，在高速度、高难度、强对抗的篮球比赛中，大学生必须具备良好的体能条件，并意识到这是发挥和运用技术的必备条件。

在篮球训练中，不仅要注重培养大学生的技战术能力，更要为大学生制订一套科学、合理的体能训练计划，从而促进大学生力量、速度、耐力、柔韧等素质的提高。

（四）计划性和系统性的原则

大学生技能的施展要以体能作为根本保证，大学生专项体能的提高需要经历一个长期训练的过程，一蹴而就是不现实的。为了促进篮球专项体能水平的提高，必须科学制订全年和多年体能训练计划，并严格实施计划。大学生的运动素质与身体机能只有通过长期的重复练习才能实现发展和提高的目标。篮球体能训练以年周期训练为基本结构，具有明显的计划性和系统性，需要对各阶段的训练任务、内容和负荷进行合理安排。

大学生必须长期坚持不懈地进行体能训练，这样才能不断提高运动

第六章　大学生力量素质训练与提升

素质。需要注意的是,长期的体能训练与年复一年的简单重复训练完全不同,而且要避免单一重复的无意义训练。在训练计划设计中,必须考虑多种不同的训练手段,并循序渐进地提高训练负荷的量和强度,争取大学生的体能一年比一年强。

（五）从实际出发和区别对待的原则

篮球专项体能训练的安排要因时、因人而异,要全面考虑大学生的实际情况,如自身特点、训练阶段、比赛要求及训练条件等。

篮球专项体能训练要因时而异,是指在不同大周期、时期及各阶段,都要从具体训练任务出发来安排训练内容比例、练习方法、训练负荷等。一定周期的体能训练中,体能训练的负荷和内容的安排会直接影响训练效果,所以必须慎重安排这些训练要素,以提高训练效果,完成训练任务,实现训练目标为主。

篮球专项体能训练因人而异,是指要从大学生自身的身体机能和实际训练水平出发对训练内容和计划进行合理安排。针对体能水平较低的大学生,应将体能训练的比重适当提高,从而全面、均衡地锻炼与提高其机体各器官系统的机能及工作能力。有些大学生身体机能和训练水平已达到较高水平,针对这部分大学生,应合理增加专项体能训练的比例。

篮球体能专项训练实践始终是以高水平的专项运动成绩为宗旨而不断提出新要求的,所以随着篮球专项运动成绩的不断突破和专项水平的快速提高,在体能训练中要同时加强体能训练理论的完善与训练实践的开展,不断实现更高水平的发展与突破。总之,对体能训练的安排必须科学、全面、系统、有计划。

需要注意一点,篮球专项体能训练可以使大学生的专项运动成绩在短时期内迅速提高,但训练效果难以持续很长时间。如果专项化训练安排不合理,如专项负荷过高,会导致很多弊端出现,从而不利于大学生的健康与运动生涯的发展,而且会削弱大学生未来发展的基础,甚至一些运动损伤和后遗症还会使大学生告别篮球生涯。所以,体能训练虽然讲求多种手段与方法,但不适宜的体能训练手段还要尽量避免使用。

二、大学生篮球专项体能训练的方法

（一）重复练习法

根据具体训练的需要，在相对固定的条件下针对同一内容反复练习的方法就是重复练习法。重复练习法有以下两种类型。

1. 连续重复练习法

（1）概念

连续重复练习某一动作两次以上，然后休息，再连续反复练习的方法。

（2）特点

第一，持续练习时间较长。

第二，练习密度和运动负荷较大。

第三，间歇时间固定或不固定均可。

（3）作用

在周期性体能训练中运用这一练习方法，对于大学生掌握运动技能、提高专项身体素质具有积极作用。

2. 单次练习与间歇交替的重复练习法

（1）概念

每练习一次后就休息，如此反复练习的方法。

（2）特点

第一，持续练习时间较短。

第二，练习密度较小。

第三，间歇时间固定、不固定均可。

（3）作用

第一，在专项体能训练的初级阶段适合运用这一练习方法，教师注意及时观察和指导。

第二，有利于大学生将注意力集中到练习内容上，并深刻体会练习动作。

（二）间歇练习法

任意两次（组）练习之间严格规定间歇时间，使大学生得到休息和恢复后再进行下一次（组）练习。这种练习方法可提高大学生身体机能能力和练习效果，可发展大学生的心肺功能和专项耐力。

通常以大学生的心率恢复状况作为评定依据来确定间歇时间，这更科学合理。

（1）以提高运动成绩为目标的专项体能训练中的间歇恢复心率，一般恢复到 120～140 次/分时就进行第二次（组）练习，通过较大强度增强大学生呼吸与心血管机能。

（2）以提高身体素质为主要目的的间歇期心率恢复水平，大体上控制在高于安静时心率 30%，小于 120 次/分，即进行下一次练习。

间歇练习法与重复练习法有以下不同之处。

采取重复练习法时，两次（组）练习之间的间歇时间可自由安排，一般第二次练习开始于大学生机体基本恢复、疲劳感不明显的情况下。

间歇练习法中，间歇时间比较明确，在练习者未完全消除疲劳时就继续下一次（组）练习。

（三）循环练习法

循环练习法以重复练习法和间歇练习法为基础，它要求训练时要有周期地连续交替，将每项基础练习组合成一整套练习。在篮球专项体能训练中使用循环训练法时，对各项练习重复次数、休息时间的规定都比较严格。循环训练法一般用于准备期的一般体能训练和专项体能训练中，通常在专项体能训练中采用该方法时，循环 3～6 次，每次循环训练中，可以训练任务为依据对训练强度、训练时间进行科学、合理的安排。

整套循环训练的负荷量主要由四个因素决定，一是训练强度，二是重复次数，三是持续时间，四是间歇时间。

篮球专项体能训练中可参考以下循环训练法，根据训练需求，选取组合相应的训练内容。

1. 方法一

（1）55～60 千克杠铃卧推。

（2）负重 60 千克杠铃半蹲起接提踵。

（3）肩负重 55 千克杠铃蹬 60 厘米高度（左右腿交替）。

（4）负重 60 千克杠铃提踵练习,增强踝关节力量。

（5）负重 20 千克杠铃增强二头肌力量。

（6）10 千克哑铃练习,练习三角肌。

（7）颈后负重 10 千克练习腹肌。

（8）颈后负重 10 千克练习背肌。

（9）双手持 15～20 千克杠铃片,双手水平左中右平伸。

（10）单杠引体向上。

（11）45 度上坡跑 20 米 10 秒,休息 1 分钟。

（12）20 米后踢腿接 10 米冲刺跑 3×20 秒,休息 1 分钟。

（13）20 米高抬腿接 10 米冲刺跑 3×20 秒,休息 1 分钟。

（14）后蹬跑 20 米接 10 米冲刺跑 3×20 秒,休息 1 分钟。

（15）右腿单足跳 20 米接 10 米冲刺跑 3×20 秒,休息 1 分钟。

（16）左腿单足跳 20 米接 10 米冲刺跑 3×20 秒,休息 1 分钟。

（17）20 米全速跑 3×5 秒,休息 1 分钟。

（18）收腹跳接 10 米冲刺跑 3×18 秒,休息 1 分钟。

2. 方法二

（1）全场连续后滑后撤步 3 分钟,练习强度 70%；2 人一组罚球 2 分钟。

（2）全场连续端线起动至中场接后退跑至端线 2 分 30 秒,强度 75%；2 人一组罚球 1 分 30 秒。

（3）全场横滑步往返 2 分钟,强度 80%；2 人一组罚球 1 分钟。

（4）重复 1 的练习 1 分 30 秒,强度 80%；消极休息 45 秒。

（5）重复 2 的练习 1 分钟,强度 90%；消极休息 30 秒。

（6）重复 3 的练习 45 秒,强度 100%；消极休息 2 分钟。

（7）3 人一组罚球 6 分钟。一人罚球（5 次）,一人传球,一人连续跳摸篮板,3 人循环交换。

3. 方法三

（1）3 人一组投篮 6 分钟；一人投篮,一人封盖,一人传球,3 人轮转。

（2）3 人一组罚球 6 分钟；一人罚球（2 次）,一人传球,一人全场往返跑,3 人轮转。

（3）3人一组在中圈二传一抢,传球者可沿中圈弧线移动,2分钟×3组,3人轮转。

（4）3人一组在一直线上分3点原地传接球,经过中间人向左右传接球,2分钟×3组,3人轮转。

三、篮球专项力量素质训练与提高

(一)手指手腕力量训练与提高方法

（1）手指用力抓球练习。
（2）两人一球,用单手手指互相推球。
（3）两人坐着用指腕力量传篮球或实心球。
（4）双手握杠铃杆,直臂做快速屈伸手腕练习。
（5）左、右两手互相对抗,用力抓夺篮球。

(二)上肢力量训练与提高方法

（1）负重推举。
（2）卧推。
（3）负重伸屈臂。
（4）两人一组,一人侧平举,另一人用力压手腕对抗。

(三)腰腹力量训练与提高方法

（1）单、双脚连续左右跳过一定高度。
（2）仰卧举腿,仰卧折体,仰卧挺身。
（3）利用杠铃负重转体、挺身。
（4）跳起空中收腹,手打脚,转身,空中传球或空中变化动作上篮等。

(四)下肢力量训练与提高方法

（1）徒手单腿深蹲起。
（2）徒手半蹲或背靠墙半蹲。
（3）负重提踵。
（4）深蹲跳。
（5）两人一组,利用人的体重进行负重半蹲起。

（五）爆发力训练与提高方法

（1）全场连续蛙跳。

（2）中场三级跳上篮。

（3）全场连续多级跳。

（4）负重投篮。

（5）连续快速跳起摸高。

（六）核心力量训练与提高方法

（1）仰姿桥撑：仰卧，双臂屈肘支撑身体，双脚伸直，并拢，用脚撑地。

（2）俯姿平撑：俯卧，双臂屈肘90度支撑身体，双脚伸直，并拢，用脚尖撑地，肢体固定腹背部。

（3）侧姿臂撑：侧卧，单臂屈肘支撑身体，另一只臂屈肘侧举，双脚伸直，并拢，用一只脚外侧撑地。

（七）综合器械训练

1. 直立提踵

通过踝关节尽量跖屈使足跟抬高，坚持片刻，至小腿有拉伸感时足跟下落。重复上述动作。

2. 坐式夹胸器夹胸

推动活动臂在胸前夹拢闭合，然后使两活动臂向后，还原。重复上述动作。

3. 上斜卧杠铃提举

从器械架上抓取杠铃，屈肘，使杠铃下降至上胸部，向上推举杠铃至手臂伸直，还原。重复上述动作。

总之，在篮球专项力量练习中，练习动作幅度、用力方向与技术动作必须符合要求，练习负荷要高于比赛要求，从而在关键技术环节充分发挥身体力量。

第四节　大学生力量素质趣味训练

一、后抛实心球转身跑

练习目标：
促进上肢力量和躯干力量的增强。

练习准备：
在一块平坦场地上画两条跑道，长和宽分别为30米和5米；两个实心球。

练习方法：
把练习者平均分为两组，各自占用一条跑道。两组的排头均与运动方向背对，双手在体前将实心球握紧，两脚平行分开，屈膝做好抛球的准备姿势。教练员吹哨以示开始，两组排头同时将实心球向身后抛，抛出后转身迅速追球，然后持球继续背对运动方向屈膝向后抛球，再次转身捡球，直至将球抛到终点线。之后持球快速向起点跑，将球交给队友。拿到球的练习者按同样的方法继续游戏，直至两组所有人都完成游戏。最先完成的一组获胜。

练习规则：
（1）两组练习者用同等重量的实心球进行练习。
（2）练习者抛球后，转身追球并在追到球的位置继续向后抛球，不能持球向运动方向走或跑。
（3）抛球必须是后抛，动作方法要标准，向前抛球、向两侧抛球都是不正确的，若出现这种情况，需要重新开始。
（4）若球抛出后没有落在本组的跑道内，需捡回重新回到起点开始抛球。

二、背人接力

练习目标：
促进腿部力量的增强。

练习准备：

在平坦场地上画两条跑道，长 10 米左右。将所有练习者均分为两组，两个组站成两列纵队在起跑线处做好准备，一个组面向一条跑道。

练习方法：

各组排头听口令背起身后的队员向终点线迅速跑进，到达终点后被背的练习者再背起排头返回起点，此时各组的第三名练习者再背起第四名练习者做好起跑准备。前两名练习者返回起点后被背的练习者与准备出发的被背的练习者击掌，然后第二对练习者出发跑向终点。依次进行，直至两队都完成游戏。最先完成的一组获胜。

练习规则：

（1）出发前不能进入跑道，应在起跑线外准备，到达终点后必须过线才能返回。

（2）如果中途被背的练习者掉下，需要重新背好再继续，必须保证背人往返整个跑道。

（3）背人者与被背者在终点线后互换角色。

（4）每一对练习者出发前，被背的练习者都必须与返回的前一组被背的同伴击掌。

三、投手雷

练习目标：

促进上肢速度力量的增强。

练习准备：

平坦场地，10 个软式手雷，10 个三角标志物，彩尺。

练习方法：

三角标志物每隔 2.5 米放一个。先安排 10 名练习者并排站在投掷线后，均两脚一前一后，后腿屈膝，左臂向前伸展，右手持手雷向后伸，目视前方。教练员吹哨以示开始，10 名练习者同时向前投出手雷，测量各自的成绩。其余练习者同样按此方法练习，获胜者为投掷距离最远的练习者。

练习规则：

（1）所有练习者听口令同时投手雷，不能抢先。

（2）前脚不得踩线。

（3）投掷距离最短的练习者接受惩罚。

四、背靠背

练习目标：
促进力量素质的发展。
练习准备：
在平坦场地上画 3 条间隔 1 米的平行线（1 条中线,2 条边线）。
练习方法：
练习者均分为两组,两组练习者背对背站在中线两侧,注意两两背对的对手必须体重相近,背对背的练习者互相挽着对方的手臂。教练员吹哨以示开始,每一对互挽手臂的练习者背顶背将对手向边线外挤,成功挤出则得 1 分。游戏时间 2 分钟,得分多的一组获胜。
练习规则：
（1）背对背的两人只能背顶背挤对方,不能用头撞对方。
（2）不得用手臂、脚等身体部位故意影响对方。
（3）不得向左或向右躲避。

五、"矮人"追逐赛

练习目标：
促进下肢力量的增强。
练习准备：
一个平坦的正方形场地,边长为 8 米。
练习方法：
（1）将练习者均分为 4 组,各组分别有一名练习者蹲在正方形场地外四个角的位置,其他练习者在场地内四个角的位置做好游戏准备。
（2）教练员吹哨以示开始,场地外四个角的练习者沿着正方形场地边线逆时针屈膝弓腰行走,将前方其他组的练习者作为追赶目标,同时要避免被后面的"矮人"追上,当逆时针行走一圈未追上别人,也未被追上时,到达出发位置换本组另一名练习者在场外追逐。
（3）若在逆时针行进中被其他组的成员追上,则淘汰出局,换另一名队员上场。直至所有练习者都完成"矮人"走一圈后游戏停止,剩余人数最多的一组获胜。

练习规则：

（1）场地外追逐的练习者以"矮人"的姿势行走，不能直立行走，也不能跑步前进。

（2）场内练习者不得干扰场外其他组的练习者。换人应以不影响其他组练习者行进为前提。

六、方形跳垫

练习目标：

促进下肢力量和速度的增强。

练习准备：

平坦场地（长、宽分别为20米和10米），5块标着顺序的方形跳垫（高度适宜，间隔适宜距离），标志物（放在终点位置）。

练习方法：

练习者在起点线外错开排队站立，教练员吹哨以示开始，同时开始计时，排头以站立式起跑的方式跑进场地，从1号垫子开始，单脚或双脚跳上，然后跳下回到原点，再跑向2号垫子，依次进行，直至跳完最后一块垫子后跑到终点标志物的位置，停止计时。其他练习者按同样的方法完成游戏。最后用时最短的练习者获胜。（图6-3）

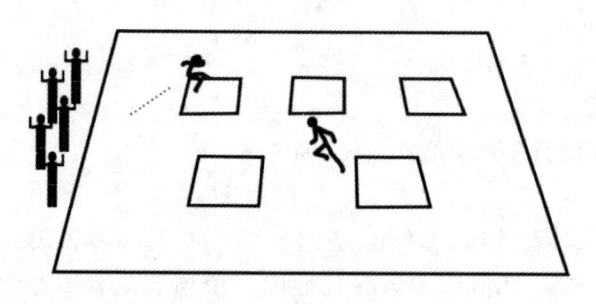

图6-3 方形跳垫[①]

---

① 赵春英.趣味体能与体育游戏[M].天津：天津科学技术出版社，2014：265.

练习规则：

（1）跳上和跳下垫子时不能将垫子弄乱，否则跳下后要重新摆好垫子才能继续游戏，以免影响其他练习者。

（2）要按顺序跳完每个垫子，不能跨数字跳。

第七章　大学生速度素质训练与提升

速度在很多体育项目中都是制胜的法宝,也是运动选材和运动水平评定的重要指标,这充分说明了速度素质的重要性。速度素质水平受遗传因素的影响较大,但通过后天的训练,也能够明显提高速度。速度训练效果直接取决于训练方法的科学性、有效性,科学合理地设计丰富多元的训练方法,能够有效改善大学生的速度素质,使大学生在竞技场上表现出良好的速度能力和高超的竞技能力,最终取得理想的竞技成绩。

第一节　速度素质概述

一、速度素质的基本理论

(一)速度素质的概念

速度素质是指人体或人体某环节快速运动的能力,人体快速完成动作的能力、对外界信号刺激快速应答的能力以及快速位移的能力都属于速度素质的范畴。速度素质可以说是人的一种综合能力,在人体的各项运动素质中扮演着十分重要的角色。加强速度素质的训练对于各运动项目的大学生而言具有十分重要的意义。

(二)速度素质的分类

1. 动作速度

动作速度,是指人体或者人体的某一部分在单位时间内完成某种动作的次数,或者人体或人体的某一部分完成某种动作所用的时间。根据表现形式对动作速度进行分类,可以将其分为三种,分别是单一动作速度、组合动作速度和动作速率。大量的研究与实践表明,很多因素都能对动作速度造成影响,其中影响最为显著的三个因素分别是神经系统的兴奋度和敏感度、人体各个器官系统的准备状态以及技术动作的熟练程度。

大量的研究表明,当人体神经系统的兴奋度和敏感度较低时,人的反应速度和动作速度也会随之减慢。除此之外,人体各个器官系统的状态也会对动作速度产生一定的影响。当人体器官系统处于充足的准备状态时,人的动作速度就会比较快;当人体器官系统没有进入运动准备状态,状态比较差的时候,人的动作速度就会减慢。这也是人们选择在运动之前进行一段时间热身的重要原因。

除此之外,技能的娴熟程度也是影响大学生动作速度的重要因素之一,通常情况下,大学生的动作越娴熟,动作速度就越快,反之动作速度会减慢。

2. 移动速度

移动速度,是指在单位时间内人体快速移动的能力,包括平均速度、加速度和最高速度三种形式。

相关研究表明,移动速度也会受到神经系统的兴奋度和敏感度的影响,并且神经系统敏感度越高,移动速度越快,反之移动速度则会减慢。除了神经系统的兴奋程度,移动速度还受到其他众多生物学因素的影响。

3. 反应速度

反应速度,是指人体对外界各种刺激信息的回应能力。当外界各项因素对人体施加一定的影响时,人会做出相应的反应。反应速度由刺激信息传递所需的时间决定,刺激信息的传递是在一瞬间完成的,这段短暂的时间被称为"反应时"。反应时和反应速度之间是反比例的关系,反应时越长,则反应速度越慢。

神经过程的感觉时间和思维判别时间是反应速度的基础,这也就意味着会有很多因素直接影响神经过程,进而间接影响反应速度。相关研究表明,遗传因素是影响反应速度的最主要的因素,在大学生选材时尤其要注意这一点。

动作速度、移动速度、反应速度三者之间是相互联系、相互制约的关系,其中反应速度是移动速度的前提条件,动作速度是移动速度的基础。在进行速度素质训练时,要搞清楚三者之间的关系,从而进行科学的训练。

二、速度素质训练的原则

(一)全面性原则

速度素质包括反应速度、动作速度和移动速度三个方面,速度素质训练不能忽视这三个中任意一个方面,必须要促进这三个方面全面发展才能提升整体速度素质。因此,发展速度素质是一个复杂的综合过程,必须要在分析大学生现实情况的基础上,将基础性动作训练和专项速度训练相结合,制订科学、全面、详细的速度素质训练方案,以促进大学生肌肉力量和肌肉收缩速率的提升为目的,最终实现速度素质的全面提升和发展。

(二)敏感期原则

受到遗传因素的影响,速度素质的发展除了存在个体差异,还存在发展的敏感期。敏感期是速度素质发展的重要时期,这个时期内进行速度素质训练能够达到事半功倍的效果。一般来说,速度素质发展的敏感时期为一个人的儿童时期或者青少年时期,男性的12~13岁、女性的13~14岁都是速度素质发展的敏感期。

想要达到速度素质训练的理想效果,必须要遵循敏感期原则,抓住大学生速度素质发展的敏感期,针对该时期的生长发育特点,制订合理的训练方案,促进大学生速度素质的快速发展。

(三)专项性原则

速度素质训练需要在基础性训练的基础上,结合运动专项的特点,制订出专项速度训练方案,发展专项运动需要的速度素质。专项动作在关节角度、活动幅度、速度、局部与整体速度以及肢体链的形式等方面都具有鲜明的力学特征,这些都是定量分析与设计速度专项训练手段的主要依据。

遵循专项性原则,结合专项技术特点,从现实状况出发,进行针对性训练,才能真正增强速度素质,为运动技术的发展奠定基础。

三、速度素质训练的影响因素

(一)反应速度的影响因素

1. 感官的敏感程度

人体感觉器官的作用是搜集和传递外界信息,感官的敏感程度越高,则搜集和传递信息的速度越快,即人的反应速度越快;反之,则搜集和传递信息的速度越慢,反应的速度也就越慢。

人体感觉器官的敏感程度主要受到注意力集中程度和人体疲劳程度这两个因素的影响。就注意力集中程度来说,百米冲刺运动是一项重点考察大学生的各项速度的运动项目,大学生在听裁判发令声的时候必须要集中全部的注意力,只有这样才能快速反应,在起跑时不落人后,从中我们可以看出注意力集中程度对反应速度的影响。就人体疲劳程度来说,当人们处于疲劳状态时,身体各项器官的功能都会衰退,感觉器官的敏感程度同样会受到影响,进而会导致人的反应速度随之减慢。

2. 肌纤维的兴奋性

肌纤维的兴奋程度也会对人的反应速度产生影响。在适度的范围之内,肌纤维的兴奋程度越高,则人的反应速度越快。有研究表明,肌肉适度紧张状况下人的反应速度比在肌肉放松状况下快7%左右。但要注意的是,肌肉的兴奋程度必须要在一定的范围之内,过度紧张容易导致肌肉疲劳,同样会对人的反应速度产生不利的影响。

3. 中枢神经系统机能

中枢神经系统的作用是接收刺激信号,对刺激信号进行分析处理,然后做出相应的反应。中枢神经系统机能主要受到反应时间和技术熟练程度的影响。其中,中枢神经系统对刺激信号的反应时间主要与神经兴奋性以及条件反射建立的稳固程度有关。技术熟练程度对中枢神经系统机能有着积极的影响,技术熟练程度越高,则中枢神经系统的机能表现越出色,人的反应速度越快;反之,则中枢神经系统的机能表现不佳,人的反应速度越慢。

（二）动作速度和移动速度的影响因素

1. 人体体形

人体体形是影响人的速度素质的重要因素之一，其中对速度素质影响最明显的是人的身高、人的四肢长度等。有研究表明，在其他条件不变的情况下，四肢的长度和其运动速度成正比，即腿部或者手臂越长的人，其腿部或者手臂的运动速度一般来说也会相应更快。

以田径大学生为例，在田径运动中，大学生的下肢长度很大程度上决定着运动成绩。因为下肢较长的大学生每迈出一步的步伐长度都会更大一些，而大家的跑步频率相差不大，所以每个步伐多出来的小差距在激烈的竞争情况下就显得至关重要。

2. 生理影响

（1）肌肉类型

人的速度素质是通过肌肉收缩运动体现出来的，因此肌肉的类型会对速度素质产生影响。

就肌肉类型来说，肌肉类型主要由构成肌肉的肌纤维类型以及各自的比例决定。对人体运动影响最大的骨骼肌是由快肌纤维、慢肌纤维和中间型纤维这三种肌纤维构成的，其中快肌纤维是影响速度素质的最主要的肌纤维因素。肌肉构成中快肌纤维的比例越高，则人的运动速度越快。但是快肌纤维的比例过高也会产生一定的不利影响，如人们经过一定程度的运动之后，身体会产生比较明显的疲惫感。

（2）神经活动过程

神经活动过程是指神经中枢兴奋和抑制转换的过程，神经活动过程的时间越短，则神经活动的灵活性越高，表现出来就是人的运动速度越快。

神经中枢除了是人体运动快速反应和保持协调的"指挥器"，还能有效地抑制对抗肌的影响。人体运动中，并不是肌肉一直保持紧张状态就是有益的，肌肉需要通过适当的放松来积蓄力量，如大学生在做移动速度训练的时候，如果能做一些放松与紧张的肌肉转换练习，对于提升训练效率是十分有效的。而神经系统活动恰恰能起到控制肌肉在放松和紧张状态之间转换的作用，对于人们运动速度的训练具有非常重要的

第七章 大学生速度素质训练与提升

意义。

表 7-1 以短跑运动为例,揭示了短跑运动的成绩和肌肉放松能力之间的关系。

表 7-1 短跑成绩提高与肌肉放松能力之间的关系[①]

因素	60 米赛跑	100 米赛跑	200 米赛跑
成绩提高幅度	从 7 秒提高到 6.4 秒	从 10.9 秒提高到 10 秒	从 21.5 秒提高到 20 秒
爆发力提高幅度（%）	34.13	20.59	11.37
最大肌力提高幅度（%）	20.64	12.34	6.86
肌肉放松能力提高幅度（%）	19.58	21.26	46.32

3. 心理影响

注意力集中程度是影响动作速度和移动速度的最主要的心理因素。一方面,它能够影响中枢神经的兴奋程度以及中枢神经转换的灵活性,另一方面,它还会影响肌纤维的收缩效果和紧张程度。在适度的范围内,注意力的集中程度越高,则运动速度越快,但是如果专注力过于膨胀,很有可能导致人进入紧张状态,这种状况对于运动速度的提升是不利的。

4. 力量发展方式

首先,力量能够帮人体产生加速度,并且力量的大小和其能够产生的加速度的大小是正比例的关系。其次,人体的力量是由绝对力量和相对力量组成的,可以通过运动训练增强;力量较大的人,其肌肉在运动中克服各种内外阻力的能力更强,从而使肌肉收缩的速度更快。

四、速度素质训练的重要性

(一)速度素质训练是取得良好成绩的重要保证

速度素质是整体运动素质的重要组成部分,和其他各项运动素质之

[①] 梁智恒,孙丽波,鞠复金.运动训练原理与实践[M].哈尔滨:东北林业大学出版社,2008:131.

间是相互联系、相互影响的关系。速度素质的重要性在于,一方面它是某些运动项目运动成绩的决定性因素,另一方面它在一些其不是运动成绩决定性因素的运动项目中,也起着促进其他运动素质和整体运动素质发展的重要作用。

速度素质是影响各项田径运动项目运动成绩的最主要的因素,几乎所有的田径项目都会考察大学生的速度素质。比如,跳远、跳高、撑杆跳等项目发力之前的助跑,就是对大学生速度素质的一种考察,这些运动项目的本质是依托在速度素质上的技巧竞赛;而各种跑步竞赛对速度素质的考察就更加明显,短跑运动中速度素质就是运动成绩的决定性因素,长跑运动则是对耐力素质和速度素质的综合考察。

球类运动也是如此,参与球类运动的双方球员始终处在攻防转换之中,急起急停、快速变向、防守卡位等动作都需要以速度为基础,在速度的保证下力争先人一步,只有这样才能在比赛中处于主动的地位。

综上,速度素质训练是取得良好的运动比赛成绩的重要保证,只有通过科学合理的训练不断提升运动素质,才能保证一般运动素质和专项运动素质的共同发展,为运动技能的提高创造条件。

(二)速度素质是衡量运动水平的重要依据

一方面,速度素质相较于力量素质、耐力素质等,具有表现更加明显的特点,即大学生在竞赛中表现出来的速度素质能够让场内外的人员直观地观察到,成为人们评价大学生运动水平的重要依据之一。速度素质这种特质的优势在于,能够帮助发现大学生在运动能力上的欠缺,以便对症下药,通过有针对性的训练弥补大学生的短板。

另一方面,当今的运动竞赛项目都呈现出竞争更加激烈和速度更快的特点,这也就意味着对速度素质的考察更加严格。在大学生水平普遍较高的运动竞赛中,能够用更短的时间完成技术动作的一方,往往能够更占优势。因此,人们可以根据大学生的速度素质衡量大学生的运动水平。

(三)速度素质训练能够改善人体代谢

速度素质和神经系统之间存在着一种相互促进的关系,一方面神经系统兴奋性和灵活性的提升有利于促进速度素质的发展,另一方面速度素质的发展又能够反过来促进神经系统兴奋程度和灵活程度的提高。

第七章　大学生速度素质训练与提升

因此,开展速度素质训练,提高速度素质水平,能够对神经系统产生积极的作用,使神经系统分泌更多的 ATP 和 CP,进而改善人体代谢。

五、速度素质训练的要点

(一)严格按照大学生的身心状态安排速度素质的训练

速度素质训练计划的制订必须要以大学生的实际情况为依据。

第一,在制订速度素质训练计划之前必须要对大学生的现实状况进行分析,了解大学生的真实训练水平和身体状态,以此为依据制订合理的训练内容和训练强度。

第二,在训练的过程中要对训练状况进行密切关注,及时发现并纠正大学生的不规范动作,对于没有起到理想的训练效果或者适得其反的训练计划内容进行分析和修改。

第三,要合理安排训练的进度,在结合大学生身体条件和训练状况的基础上,遵循循序渐进的原则,稳步推进训练计划。

第四,要保证合理的运动休息时间,速度练习组与组之间、阶段和阶段之间都要制订合理的休息时间,防止大学生出现运动疲劳或者运动损伤。

速度素质训练需要在人体适应性的基础上开展,这种适应性包含三个方面的内容,分别是神经系统适应性、内脏系统适应性、肌肉系统适应性。在速度素质训练的过程中要时刻关注这三方面的状态,以防出现不理想的训练效果。

(二)促进速度能力与其他能力协同发展

与其他体能素质一样,速度素质的发展并不是孤立的,其发展还受到其他运动素质发展的影响,其中对其影响最为明显的因素是快速力量和柔韧性。因此,想要促进速度素质的发展,除了速度素质本身之外,还要发展快速力量和柔韧性。只有坚持速度素质与其他素质共同发展,才能提高训练的效果,实现训练的目标。

第二节　大学生速度素质训练的常用方法与手段

一、反应速度训练

(一)简单反应速度训练方法

1. 完整练习

完整练习是指通过突然对大学生施加信号或者突然改变信号,要求大学生利用自己已掌握的完整单个动作或者组合动作及时做出反应,以锻炼大学生的反应能力。比如,要求大学生在已经知道对手动作的情况下做出不同的应对反应,要求大学生根据听到的信号改变自己的运动方向,要求大学生进行蹲踞式起跑练习等。完整练习一般被用在大学生处于初级水平的阶段,这个时期完整练习的训练效果比较明显。

2. 分解练习

分解练习是相对于完整练习而言的,就是将完整的动作进行分解,使之处于较容易或者更为简单的条件,通过提高分解动作速度来提高简单反应速度。比如,跑步大学生利用蹲踞式低姿起跑这种起跑姿势跑步时,其反应速度要慢于利用站立式高姿起跑这种姿势时的反应速度。之所以会产生这种差别,是因为当采用蹲踞式低姿起跑方式时,大学生的手臂需要承担较大的体重,这就会导致大学生的手臂一时难以离开支撑点。针对这种状况,可以进行分解式练习,先用高姿起跑或手扶其他物体的形式,单独练习对起跑信号的反应速度,然后再逐步过渡到低姿起跑练习,这样将会取得好的练习效果。

3. 变换练习

变换练习是指通过不断改变训练形式来锻炼大学生的反应能力。练习形式的改变主要可以从两个方面入手:其一为改变大学生接受刺激信号的形式,如从利用听觉器官接收信号,转变为利用视觉或者触觉等来接受刺激信号等;其二为改变对刺激信号的应答方式,如改变技动作的种类或者改变技术动作的方向等。

变换练习的优势在于,一方面能够有效提升大学生的反应速度,另一方面能够通过不断地变换练习,增加训练的趣味性,提高大学生的神经兴奋程度,使大学生有一个较为积极的训练状态。

4. 运动感觉练习

运动感觉练习是一种通过训练大学生对微小时间的辨别能力进而提高大学生的反应速度的训练方式,它将身体训练和心理训练结合在了一起。运动感觉训练一般包括三个步骤,分别如下。

第一个步骤是要求大学生在接收到刺激信号后立刻做出相应的反应,记录下大学生需要的反应时间。

第二个步骤是要求大学生对自己此次需要的反应时间进行预估,然后重复发出信号并做出反应的步骤,得出大学生的实际反应时间,与预估的反应时间进行对比。

第三个步骤是当大学生能够比较精确地判断时间差的时候,其反应速度也会随之加快,判断时间差的能力越强,就越能够自由地控制自己的反应速度。

需要注意的是,大学生的注意力集中水平是影响反应速度的重要因素,在进行运动感觉练习的过程中,必须要求大学生高度集中注意力,并且在每个步骤中都要集中注意力,这样才能测试出真实的反应速度,实现较好的练习效果。

(二)复杂反应速度训练方法

1. 移动目标练习

移动目标练习是指,设定一个移动目标,要求大学生对该目标发生反应并做出一定的行为。以"将球作为移动目标"为例,练习一共包括四个步骤,分别是:第一,看到这个移动的球;第二,对球的运动速度和运动方向做出判断;第三,制订自己的行为方案;第四,实施该方案。

这个复杂反应过程的时间大概为 0.25 ~ 1 秒,但是对这段短暂的时间进行合理的分配却是移动目标练习中的重点。一般来说,合理的分配方式为前两个步骤所用的时间占据总时间的一半以上,第一个步骤占据的时间又要占据前两个步骤所用时间的绝大部分,第二个步骤所用的时间大概只为 0.05 秒。因此,在移动目标训练的过程中,要特别注意时间的分配。

首先,要将对移动物体观察能力的训练放在重点部分。在练习的过程中要特别注意训练观察力的指向和分配,可以通过在练习中不断改变球的位置、运动方向、运动速度等,训练该项能力。

其次,要注意培养大学生的预判能力,这种能力是技、战术运用中的重点能力,大学生需要在观察和分析球的运动的基础上,判断球接下来的运动方向、运动速度等。

最后,在训练中还要有意识地引入和增加外部刺激因素。比如,可以在练习中使用乒乓球发动机、移动射击靶等,还可以增加球的数量,采用一对二、游戏练习法等。

2. 选择动作练习

选择动作是指根据对手的动作变化做出相应的动作反应的练习,是将人体反应能力训练和专项运动结合在一起的一种练习方法。选择动作的练习包含两个方面。其一,增加干扰因素,增加需要进行动作选择的场景的复杂程度。比如,可以将留给大学生的反应时间缩短,练习大学生在较短的时间范围内进行动作选择的能力。其二,培养大学生观察、利用"预先信息"的能力,预先信息是指从对手的姿态、面部表情、眼神、准备动作等释放出来的信息,能够在一定程度上反映出来对手接下来可能进行的动作。这种能力是竞技比赛中必不可少的能力,只有能够敏锐捕捉到对手释放出来的信息并做出判断和反应的大学生,才能在比赛中占据优势。

选择动作练习是一项重要的复杂反应速度练习方法,培养的是大学生观察信息、判断信息的能力,是大学生在比赛中使用技术和战术的基础。大学生必须要重视该项能力的培养,不断提升自己的复杂反应速度。

第七章 大学生速度素质训练与提升

（三）反应速度具体练习方法举例

1. 绳梯 180 度转体跳

训练方法：

（1）身体成半蹲姿势，双脚分开，每只脚放在一个格子中，将身体重心落在前脚掌。

（2）双脚跳起的同时身体在空中旋转 180 度，落下的时候双脚落在格子里。

（3）身体跳起在空中向反方向转体 180 度，双脚各落在前面的格子中。

（4）重复进行练习。

训练目的：

（1）要求大学生在落地时脚一直放在格子中，培养大学生的周边视觉能力，提高大学生的视觉观察能力。

（2）发展大学生骨盆、髋部和双脚的动作速度、灵活性。

训练要求：

（1）要求大学生身体始终向绳梯的同一方向移动，尽量用骨盆和下肢快速完成动作。

（2）要求大学生不断提升跳跃的速度和准确性。

图 7-1 为该练习方式的具体图解，以供参考。

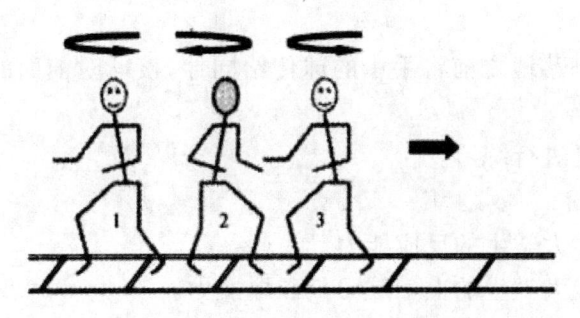

图 7-1 绳梯 180 度转体跳 [①]

---

① 罗华平. 现代体能理论阐析与科学化训练研究 [M]. 北京：中国书籍出版社，2015：213.

2. 跳起转体接实心球

训练方法：

（1）背对接球方向，双脚左右开立紧紧夹住轻实心球。

（2）迅速跳起，用双腿将实心球抛向空中。

（3）身体在空中转体180度，落地迅速用双手接住实心球。

（4）重复练习。

训练目的：

（1）培养大学生的反应能力，提高大学生的反应速度。

（2）发展大学生下肢、骨盆、躯干和上肢的跳跃和转体动作速度及爆发力。

训练要求：

（1）训练过程中大学生身体各个环节必须要协调配合，迅猛、连贯地完成动作。

（2）将反应能力培养作为训练重点。

3. 弓箭步快速接实心球

训练方法：

（1）两人一组，相对站立，中间大概相隔3～4步的距离。

（2）一人双手持实心球，一条腿屈膝、屈髋前迈并缓缓落地。

（3）前面腿的大腿与地面平行，膝关节弯曲90度，并且不能超过脚尖的垂线。

（4）在脚落地之前将手中的球传给同伴，接球时前面的脚蹬地恢复开始时的姿势。

（5）重复进行练习。

训练目的：

（1）培养大学生的反应能力。

（2）发展大学生的上下肢力量和爆发力。

训练要求：

要求大学生在训练时保持弓箭步姿势，尽力维持身体平衡。

图7-2是该练习的具体图解，以供参考。

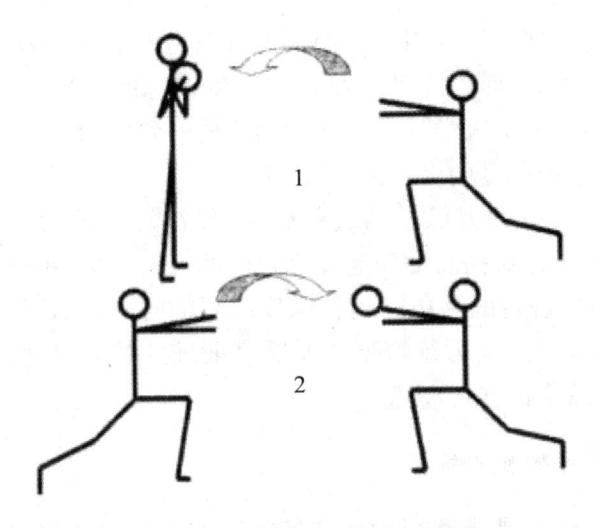

图 7-2　弓箭步快速接实心球

二、动作速度训练

（一）完善技术练习

大学生动作技术的熟练程度是影响其动作速度的重要因素,动作幅度的大小、动作的方向、动作伸展的距离、动作的角度和部位等,都会影响到动作速度。只有通过坚持不断的练习才能提升动作的熟练程度,才能提高技术水平。

大量的实践表明,技术练习还能有效地发展大学生的协调能力,而协调能力对于提高动作速度具有重要的帮助。大学生能够在技术练习中逐渐发生应激适应反应,不断提高肌群之间、肌肉和内脏之间的协调程度,进而减少动作阻力,提高动作速度。

（二）利用助力练习

助力练习,是指在动作速度的练习过程中,借助自然条件或者人为因素进行练习,发展大学生动作速度的练习方式。能够利用的自然助力条件包括水的流向或者风向等。比如,大学生顺着水流的方向游泳,就能够在水流的助力之下提高自己的游泳速度;而速滑大学生借助风力练习,也能提高自己的速滑速度。

一般来说,助力条件主要包括机械助力和人为助力两个方面。机械助力是指在速度训练中利用专门的机械设备为大学生助力,如摩托车助力、自行车助力等;而人为助力是指在速度训练的过程中,由教练员等人直接或者间接地给大学生提供和运动方向一致的力,帮助大学生进行速度训练,如各种速度的牵引跑、带跑等。

大学生在进行助力练习的过程中,需要注意提供的助力力度的大小。当开展的是针对提高动作速度进行的练习的时候,提供的助力力度应该更大;而当进行的是单个动作速度练习的时候,应该提供较小的助力力度。除此之外,助力练习要遵循循序渐进的基本原则,逐步提高助力的力度,切忌盲目进行训练。

(三)利用后效作用练习

后效作用练习是指利用动作加速和器械重量的变化而获得的后效作用来提高动作速度的练习方法。比较典型的利用后效作用进行的练习包括:跑步大学生进行的下坡跑,能够获得加速的后效作用;铅球大学生选择高于标准铅球重量的铅球进行练习,能够获得重量减轻的后效作用。利用后效作用练习的原理是,神经中枢的兴奋并不会在大学生结束发生后效作用的动作之后就立刻结束,剩余的神经中枢兴奋依旧能够支配动作,高水平的兴奋有助于加快动作速度。

影响后效作用的因素众多,发生后效作用动作的负荷大小、后续动作的减轻状况、练习重复的次数、两种练习动作之间的交换次数和比例等,都会对后效作用造成影响。因此,在进行后效作用训练时,要注意把控这些影响因素,提高训练效率。

三、移动速度训练

移动速度是一种人体综合运动能力,它和力量、柔韧、速度耐力、协调性、动作技术水平等都有着非常密切的联系。因此,进行移动速度训练需要从多方面入手,以其他素质的提升促进移动速度的发展。

(一)力量练习

力量练习是一种常用的发展移动速度能力的训练方法,因为力量水平和移动速度相互联系,相互影响,力量水平尤其是爆发力水平对于移动速度的发展具有非常重要的意义。因此,想要提升移动速度,首先就要通过力量练习提高力量水平。大学生在进行力量练习时需要注意以下要点。

第一,以提高速度力量练习为练习的主要内容。

第二,超等长练习能有效地提高人体肌肉收缩时的快速力量,因此超等长练习非常重要,要将其作为训练的重点。

第三,要注重发展快肌纤维的功能,将训练强度设置为极限和次极限,但是注意控制练习的组数和次数,避免运动损伤。

第四,有意识地通过训练发展肌肉和韧带的坚韧性,尽可能地避免运动损伤。

第五,力量练习结束后应该设置一个 2~6 周的减量练习阶段,以便通过"延缓转化"将提高的力量能力转移到速度能力上去。

(二)重复练习

重复练习能够有效发展大学生的速度耐力,帮助提高大学生的移动速度。进行重复练习训练应该注意以下几点要求。

第一,练习强度。移动速度属于极限强度,因此在进行移动速度练习的时候,应该设置较大的练习强度,一般在 90%~95%。但是练习要遵循循序渐进的原则,还要重视热身活动,在正式练习开始之前可以安排一些强度为中等的练习作为适应。

第二,练习量。想要发展移动速度必须保持一定的练习量,但是练习量也不能过大。一般来说,当练习强度较大的时候,练习的时间应该保持在 20 秒以内。

次数和组数的确定应根据大学生高速度出现与保持的时间,以及克服疲劳和机体恢复能力来决定。一般来说,极限负荷时间短,一组 6~7 次,重复 5~6 组。非极限负荷时间长,重复次数与组数相应减少。

第三,间歇安排。间歇安排的依据应该是大学生的机体恢复状况,合理的间歇时间应该为:大学生的神经中枢兴奋程度恢复到符合运动的水平;大学生机体内各系统和各器官的功能恢复;大学生体内的能量恢复到能够供应下次练习的水平。

在具体的训练中,大学生还要根据练习的持续时间合理安排间歇时间,可以参考以下间歇时间的安排法:当每次练习持续的时间为 5~10 秒时,两次练习之间应该安排的间歇时间为 1~2 分钟,两组练习之间的间歇时间应该为 2~5 分钟;当每次练习持续的时间为 10~15 秒时,两次练习之间的间歇时间应该为 3~5 分钟,两组练习之间的间歇时间应该为 5~8 分钟。

第四,肌肉的放松能力。大量的研究与实践表明,如果人体在训练之后肌肉没有得到有效放松,就很难实现理想的训练效果,因此在进行运动训练的过程中还要锻炼肌肉的放松能力。可采取以下手段:第一,针对肌肉能力展开专门的训练,增强肌肉收缩能力,减少肌肉疲劳;第二,运动训练后按摩肌肉,帮助肌肉得到有效的放松。

第三节 提升大学生速度素质的专项运动训练

一、大学生速度素质的发展途径

反应速度、动作速度和移动速度既相互联系,又有区别,所以提高大学生速度素质的练习方法是多样的(图7-3)。

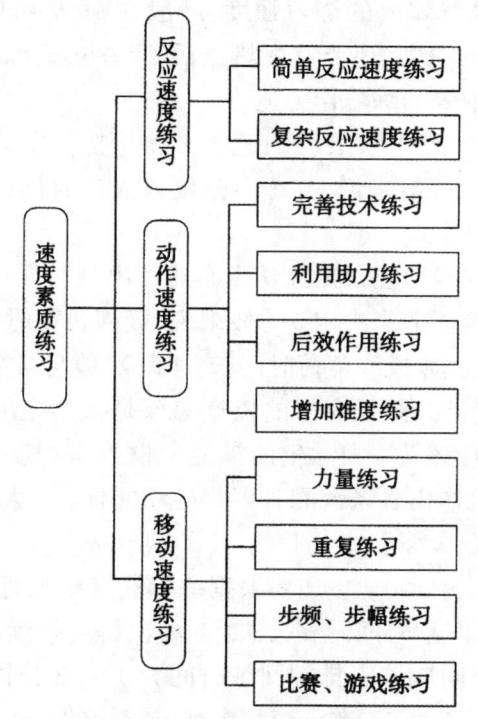

速度素质练习
- 反应速度练习
  - 简单反应速度练习
  - 复杂反应速度练习
- 动作速度练习
  - 完善技术练习
  - 利用助力练习
  - 后效作用练习
  - 增加难度练习
- 移动速度练习
  - 力量练习
  - 重复练习
  - 步频、步幅练习
  - 比赛、游戏练习

图 7-3 提高大学生速度素质的练习方法

第七章 大学生速度素质训练与提升

（一）反应速度的发展途径

反应速度的练习包括简单和复杂两种形式。

1. 简单反应速度练习

简单反应速度练习的特点是通过练习尽量缩短感觉（视、听和触觉）—动作反应的时间。

简单反应速度往往受到中枢神经系统兴奋程度、注意力集中程度、肌肉组织的准备状态、动作技术的熟练程度、对信号的特征及时间特征的感觉和辨别能力的制约。如果要提高反应速度的水平，必须针对上面的影响因素采取训练方法和手段。

（1）完整动作练习

利用已掌握的完整或组合动作，尽可能快地对突然出现的信号或突然改变的信号做出应答反应，提高反应能力。

（2）分解动作练习

采用分解动作可以在较容易和简单的条件下，分解应答反应的动作，可提高分解动作的速度从而提高简单反应速度。网球训练中，可以在徒手情况下，训练起动，单独练习对信号的反应速度。

（3）变换练习

通过改变练习形式让大学生在变化的情况下完成练习，具体有以下两种情况。

第一是改变刺激信号的接收形式，如视觉接受的信号改变为听觉形式。

第二是改变应答反应的形式。变换练习可提高大学生练习的积极性，提高训练效果。

（4）运动感觉练习

运动感觉练习是身体训练和心理训练相结合的一种训练方法。

2. 复杂反应速度练习

复杂反应速度练习的特点是尽量缩短感觉（视、听和触觉）—中枢判断—动作反应时间。

复杂反应在运动中属于选择反应。选择反应包含两种形式：一是对移动目标的反应，即对运动客体的变化做出反应；二是选择动作反应,主要是根据对手动作变化做出相应动作反应。所以,复杂反应速度的练习包括移动目标练习和选择动作练习。

(二)动作速度的发展途径

在动作速度练习中,要根据专项的要求,选择适合的项目进行练习,以达到练习的目的,所以动作速度练习要和动作技战术练习紧密联系。另外,动作速度直接受到力量、柔韧度、灵敏度等其他身体素质发展水平的制约,所以动作速度的练习与其他素质的发展紧密相关。专项动作速度的培养,必须通过技术水平的巩固与提高,以及其他身体素质的共同发展来实现。

(三)移动速度的发展途径

移动速度是人体的一种综合能力,移动速度的快慢不仅和动作技术水平有关,而且和力量、柔韧、速度耐力以及协调性的发展有密切的联系。移动速度练习可以采用以下方法。

1. 力量练习

力量练习是提高移动速度的基本方法。常用的发展移动速度的力量练习有杠铃负重、各种单双足跳、多级跳和跳深等。特别是爆发力水平的提高对提高移动速度有重要的意义。在提高移动速度的力量练习中要注意以下几点。

(1)以提高速度力量为主,练习中强调负重力量练习的速度,采用极限和次极限负荷强度,力争快速完成,提高快肌纤维的功能。

(2)力量练习后的2~6周减量练习,通过延缓转化把提高的力量能力转移到速度能力上去。

(3)多做一些超等长的力量练习,如跳深、多级跳等,提高肌肉收缩时的快速力量。

2. 重复练习

重复练习是以一定的速度多次重复一定的距离,这种方法有利于提高人体在快速移动中克服内外阻力的能力以及速度耐力。重复练习的基本要素如下。

（1）练习强度

移动速度属于极限强度，所以练习中要采用90%～95%的高强度练习。练习前要做好预热准备，练习中要集中注意力。

（2）负荷量

高强度练习的持续时间一般在20秒以内，或30～60米的距离。次数和组数也应根据大学生对高速度的保持时间、克服疲劳和机体的恢复能力来决定。通常极限负荷一组6～7次，重复5～6组；非极限负荷时间长，而重复的次数和组数减少。

（3）间歇安排

间歇时间以大学生机体相对得到恢复为准，在下一次练习开始前，中枢神经系统又再度兴奋，能保证下一次练习的能量供应。通常，练习持续时间为5～10秒，每次练习之间休息1～2分钟，各组间歇2～3分钟。如果练习持续时间为10～15秒，则每次练习间休息3～5分钟，各组间歇5～8分钟。

（4）肌肉的放松能力

肌肉在极限强度负荷下完成最快的收缩，容易疲劳，且恢复较慢。所以练习前后要重视肌肉的放松，提高恢复疲劳的能力。

3. 步频和步幅练习

步频和步幅是影响移动速度的两个主要因素。其中步频受肌纤维类型和神经活动灵活性制约，受遗传的影响大。而步幅受腿的长度、柔韧性和后蹬技术的影响。所以，有一定训练水平的大学生要通过柔韧素质训练来提高步幅和技术，从而提高移动速度。

4. 游戏和比赛练习

在游戏训练过程中，可以使训练多样化并增加训练的趣味，防止最大速度练习引起的速度障碍。

采用比赛法可以使大学生情绪高涨，表现最大速度的可能性就会增加，所以比赛法是速度训练中常用的方法。通过比赛的成绩竞争，可以激发斗志，鼓舞取胜的情绪。

二、大学生基础速度素质的训练方法

(一)反应速度训练方法

1. 反应起跳

大学生围在教练员四周,教练员手持一根竹竿(长度超过大学生移动的半径)在大学生脚下划圈(可突然改变方向),大学生判断竹竿到脚下后,迅速起跳。练习时要注意安全。

2. 伙伴组合

数个大学生绕圈跑,听到教练员报某数字的口令后,大学生即以规定的几个人组合在一起,其他的大学生做俯卧撑。

3. 圈地"围猎"

大学生在一个规定的活动范围内,教练员在圈外面用球掷大学生的膝关节以下部位,直到将所有大学生"消灭"干净。

4. 快速抢球

让大学生绕圈跑,圈内放置的球比大学生的人数少一个。大学生跑动中听教练员的口令后抢球,未抢到者做俯卧撑。

5. 转向起跑

大学生背对跑动方向,听到教练员的掌声后转体180度,快速跑6~8米。大学生也可以从俯卧撑动作、侧身动作等或蹲踞式姿势开始起跑。

6. 信号变速

大学生成一排在底线后原地小垫步,听教练员的口令或看教练员的手势做向各个方向的快速移动,移动距离为3~4米。

7. 反向动作

大学生听教练员的口令做反向动作,如口令为立正时稍息,而口令为稍息时立正,口令为向左转时则向右转等。

8. 时间测定

大学生听教练员的口令,按照确定的距离跑动,记录3次跑动的时间,并告知大学生。随后大学生跑动时自己估计时间。如果时间准确,则按照既定的时间继续练习。移动的速度要快,全速跑动。大学生可侧向滑步移动。

9. 黑白游戏

两位大学生相对站立或躺在地上保持适当的距离,当教练员喊白色时,被命名为"白色"的大学生迅速跑动,而被命名为"黑色"的大学生则去抓"白色"的大学生,触碰到身体就赢得比赛。移动距离最多为10米。可以增加跑动的距离或向任意方向跑动。

10. 信号疾跑

大学生按照确定的线路和方向,根据视觉、触觉或听觉的信号快速跑动。大学生起动时身体重心降低,移动的速度要快,并全速跑动。大学生可以采用俯卧、背对或侧对跑动方向的起动方式。

11. 脚尖踩踏

大学生面对面站立,手放在背后,设法用脚尖踩踏对方的脚,也可以只用手去拍对方的大腿。

(二)动作速度训练方法

1. 空中抬腿

大学生仰卧或在单杠上悬垂高抬腿,速度越快越好。

2. 变速摆臂

大学生成弓箭步站立,动作正确,听教练员口令有节奏地快慢变速摆臂。

3. 支撑抬腿

大学生原地、斜靠墙或球网支撑,听信号快速高抬腿到水平位置,上体不后仰或团身。

4. 变化抬腿

大学生快速小步跑1~2米,然后接快速高抬腿跑3~5米。

5. 变速疾跑

大学生小步跑或高抬腿跑1~2米后,接5~8米快速疾跑。

6. 台阶快跑

大学生开始在台阶前原地单腿支撑向上跳,听口令后快速逐级跑上台阶,不能跨越。

7. 连续跳栏

放置6~8个栏架,调到适当的栏高、栏间距,做连续跳栏练习。

8. 助跑起跳

大学生疾跑3~5步后全速向上起跳,连续跑跳5~10次。

9. 交叉起跳

大学生沿一条直线向前跑动,左右腿交叉起跳10~12米。要求快速转髋,动作快。

10. 起跳收腿

大学生两脚分开,快速起跳并在空中体前屈,手触碰脚尖。

11. 单脚后跳

大学生两手侧平举单脚向后跳,跳动的距离为8~10米。

12. 纵跳转体

大学生原地起跳,空中转体360度,要求转体动作快。连续跳5~7次。

(三)移动速度训练方法

1. 变换快跑

大学生小步跑,或高抬腿,或后蹬跑,或交叉步跑,或单足跳,或后退跑等,听信号后变换为快速向前冲刺跑 10～12 米。要求小步跑或高抬腿的动作规范。

2. 加速惯性

大学生逐渐加速跑到最高速度,保持这一速度 20～30 米,随后惯性跑;或逐渐加速跑 20 米达到最高速度后继续跑 8～10 米,随后惯性慢跑 30 米。接着进行第二次逐渐加速跑。

3. 变姿势跑

大学生采用站立、半蹲、蹲踞式、俯卧撑等各种姿势,听到信号后变向 180 度跑动,全速向前冲刺跑 20～30 米。

4. 上下坡跑

在 7～10 度的坡度上,下坡跑 30～50 米,或上坡跑 30～50 米,或上下坡结合跑 30～60 米。

5. 重复快跑

以 95% 以上的强度连续跑 12～20 米,跑 8～15 次。

6. 三角转跳

用橡皮筋拉一个三角形固定在三条凳腿上(边长约 1 米),高度 8～12 厘米。大学生单脚快速向不同方向跳越橡皮筋。也可以用一根橡皮筋固定在一定高度,大学生双脚左右或前后跳跃,或单脚跨越。

7. 让距追击

2～3 名大学生拉开一定的距离,听到信号后全速起跑,后者追前者。跑动距离 30～50 米不等。

8. 快速跳绳

大学生以最快的速度跳绳。前脚掌落地,落地瞬间膝关节适度弯曲,上体保持紧张。可以单跳,也可以"双飞"。

9. 牵引跑

用绳子拴住大学生腰部,另一端拴杠铃片(重量适宜)。大学生快速跑 20～30 米。

10. 固定步幅跑

在一定的距离内(30～50 米),要求大学生按确定的步数跑完,并计时。

11. 后退抛接球

两名大学生面对面,相距 4～6 米,一个后退接球(后退的速度越快越好),一个前进抛球,向同一个方向移动传接球,快速移动 10～12 米后返回起点。

第四节　大学生速度素质趣味训练

一、长江黄河

练习目标:
提高反应速度和奔跑能力。
练习准备:
在平坦场地上画三条间隔 10 米的平行线(一条中线,两条限制线)。
练习方法:
把练习者均分为两队,即"长江"队和"黄河"队,两队在中线两边面对面站立做好准备。
当教练员喊"黄河"时,"黄河"队迅速转身跑向本方限制线,另一队马上追击,如果"黄河"队在跑到限制线前被追上,则"长江"队得 1 分,

若成功跑出限制线,则"黄河"队得1分。(图7-4)

规定时间内分数多的一队获胜。

练习规则：

(1)被追者跑出限制线后,追击者不得继续追。

(2)追击者不能推拉对方。

图7-4　长江黄河[①]

二、有效与无效口令

练习目标：

提升快速反应能力。

练习准备：

平坦场地。

练习方法：

练习者排成一排横队站立,注意听教练员口令采取行动。如果教练员先喊"注意",然后下达口令,则该口令为有效口令,练习者迅速按口令完成任务；如果教练员没有先喊"注意",直接下达口令,则该口令为无效口令,练习者保持不动。(图7-5)

练习规则：

在无效口令下依然有所行动的练习者即为失败,其他练习者继续。

[①] 李明强,敖运忠,张昌来.中外体育游戏[M].北京：人民体育出版社,1999：158.

图 7-5　有效与无效口令

三、呼号扶棒

练习目标：
培养快速移动速度和反应速度。
练习准备：
在平整场地上画一个直径 6 米的圆，1 根体操棒。
练习方法：
练习者站在圈线上，面向圆心，从排头开始依次报数，记住自己报的数。
一名练习者在圆心处手扶体操棒，其喊出一个号数后马上松手跑向对应号数的练习者，被呼的练习者立即跑去圆心处扶棒。（图 7-6）
被呼的练习者如果没有及时扶住棒，则为失败；如果原扶棒者没有及时站到位，则继续站在圆圈中心扶棒。
练习规则：
（1）扶棒者松手时动作要轻，避免体操棒倒地。
（2）失败者可罚做俯卧撑。

图 7-6　呼号扶棒

四、赶"鸭子"

练习目标：
培养反应速度和灵敏素质。
练习准备：
在平坦场地上画大小适宜的圆,1根长竹竿。
练习方法：
选一名练习者扮演"赶鸭者",其他练习者站到圈内,"赶鸭者"在圈外手持长竹竿的一头来回奔跑追其他练习者,练习者或跑动躲闪,或跳竿,但不能出圈,被竿打到的练习者与"赶鸭者"互换角色,继续游戏。（图 7-7）
练习规则：
（1）"赶鸭者"必须手持竹竿的一头,使竹竿另一头触地来回追赶。
（2）圈内练习者不能出圈,否则犯规,与"赶鸭者"互换角色。

图 7-7　赶"鸭子"

五、沿线追击

练习目标:
提升反应速度和动作灵活性。
练习准备:
排球场或篮球场,1~2个排球或篮球。
练习方法:
练习者在场地线上站立做好准备。选1~2名练习者作为追击者,其他练习者被追击。追击者手持篮球或排球进行追击,被追上者接过球与追击者互换角色继续游戏。(图7-8)
练习规则:
(1)练习者只能沿线跑动。
(2)跑动时不能出线,也不能跨线。

图7-8 沿线追击

六、十字接力

练习目标:
提高快速移动速度。
练习准备:
画半径5~7米的圆,通过圆心画两条垂直线,并向圈外延伸1米(起跑线);4根接力棒。
练习方法:
将练习者均分为4组,每组在十字线上向起跑线站成一列。各组排

第七章　大学生速度素质训练与提升

头手持接力棒做好准备。

听教练员口令沿圆圈逆时针快跑,快要跑回本队起跑线时,第二人在起跑线后做好接棒准备,交接棒后,接棒者按同样的方法跑进,排头站到本组队尾。(图7-9)

依次进行,率先全部跑完的一组获胜。

练习规则：

(1)跑时不得进圈或踩圈线。

(2)不能抛棒。

(3)超越别人时,要从右侧绕过,不得故意撞对方。

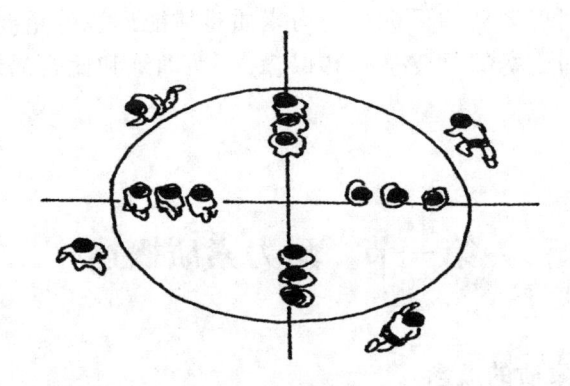

图7-9　十字接力[1]

---

[1] 李明强,敖运忠,张昌来.中外体育游戏[M].北京：人民体育出版社,1999：161.

第八章　大学生耐力素质训练与提升

对于任何人而言,耐力素质都是至关重要的。缺乏耐力素质,个体将无法真正实现运动的目标。耐力素质是体能训练的重要内容,也是从事运动训练和比赛的重要基础和保障,一切训练和比赛活动都少不了耐力素质训练。

第一节　耐力素质概述

一、耐力素质的概念

耐力素质指的是人体在长时间工作或运动中克服运动疲劳的能力。耐力素质在一定程度上反映了人体健康水平或体质强弱,因此无论是作为普通人还是专业的大学生,都要重视自身的耐力素质训练。需要注意的是,人体各项体能素质并不是独立存在的,与其他体能素质之间存在着极为密切的联系。以耐力素质为例,耐力素质可以与力量、速度素质等相结合,形成力量耐力和速度耐力。这些素质都是人体应具备的重要的体能素质。

二、耐力素质的分类

依据不同的划分标准,可以将耐力素质进行以下几种分类。

第八章 大学生耐力素质训练与提升

（一）按运动时间分类

1. 短时间耐力

短时间耐力指的是运动持续时间在 45 秒~2 分钟的项目所需的耐力。这一类运动项目所需的能量大多是通过机体的无氧代谢过程来提供的，大学生在训练的过程中，短时间会产生较高的氧债，在其运动的过程中，速度耐力发挥着重要的作用。

2. 中等时间的耐力

中等时间的耐力指的是运动持续时间在 2~8 分钟的运动项目中所需的耐力。这一类耐力项目的运动负荷强度一般要相对较大。通常机体在运动过程中，氧不能完全满足机体的运动需要，会在运动过程中产生一定的氧债。造成这种情况主要是因为无氧系统与运动速度成正比的关系。大量的研究表明，在 1500 米跑的过程中，无氧系统的供能几乎可以达到总供能的 50%，而在 3000 米跑的运动过程中无氧系统的供能只能占到总供能的 20% 左右。总之，对于一些中长跑项目而言，一定要重视大学生耐力素质的培养，其中中等时间耐力素质的提高非常重要。

3. 长时间的耐力

长时间的耐力是指运动持续时间超过 8 分钟以上的运动项目所需要的耐力。例如，长跑、马拉松运动等，大学生的整个运动过程都是由氧系统供能，在运动中高度动员运动机体的心血管和呼吸系统，需要必要的耐力素质。大学生在参加这一类运动项目的训练和比赛时，其心率可达 170~180 次/分，心血输出量约为 30~40 升/分，脉通气量可达到 120~140 升/分。对于长跑大学生来讲，一定要在平时重视自身耐力素质的培养和提高。

（二）按氧代谢方式分类

1. 有氧耐力

有氧耐力是人体耐力素质的重要一种。它是指机体在氧气供应充分的情况下,坚持长时间运动的能力。机体的有氧代谢能力是机体对氧气的吸收、运输和利用能力的综合表现。机体想要提高自身输送氧气的能力,就必须要进行一定的有氧耐力训练,只有这样才能提高机体的新陈代谢能力,增强承受运动负荷的能力。例如,田径长跑、马拉松等运动都需要大学生具备较高的有氧耐力水平。这些项目的大学生一定要在平时加强有氧耐力的训练,不断提升自己的有氧耐力水平。

2. 无氧耐力

无氧耐力指的是机体在氧供应不足的情况下,坚持长时间运动的能力。一般情况下,无氧耐力运动项目的氧供应很难满足机体的运动需要,机体会在无氧条件下进行运动,产生较大的氧债,并且这类运动所产生的氧债,一般都需要在运动结束后才能得到偿还。因此,大学生一定要在平时注意抗氧债运动能力的培养和提高。这一能力对于举重、短跑大学生等具有重要的意义。

3. 有氧与无氧混合耐力

有氧与无氧混合耐力是一种介于有氧耐力和无氧耐力之间的特殊耐力,进行此类运动时,机体的有氧和无氧代谢同时参与供能。通常运动的持续时间长于无氧耐力而短于有氧耐力。例如,拳击、摔跤、跆拳道等都属于有氧和无氧混合耐力项目,这些项目的大学生要在平时采取各种手段与措施加强有氧与无氧混合耐力的训练,不断提升自身的混合耐力素质,否则就难以完成运动训练和比赛。

(三)按肌肉工作方式分类

按肌肉工作方式分类,可将耐力素质分为静力性耐力和动力性耐力两种。

1. 静力性耐力

机体在长时间的静力性肌肉工作中克服疲劳的能力为静力性耐力。这一耐力素质在射击、举重等项目中表现得非常突出。

2. 动力性耐力

机体在长时间的动力性肌肉工作中克服疲劳的能力为动力性耐力。

这一耐力素质在滑雪、滑冰、游泳等项目中表现得尤为突出。

（四）按身体活动分类

按身体活动分类可将人的耐力素质分为以下两种。

1. 身体部位的耐力

身体部位的耐力主要是指机体的某一身体部位在进行长时间运动时克服疲劳的能力。例如，举重大学生进行长时间、高强度的力量训练，某些肌肉会出现酸胀、疼痛的感觉，如果继续训练，某些肌肉就容易出现疲劳现象，这种克服肌肉疲劳的能力表现，就是身体部位耐力的水平的表现。需要注意的是，大学生在进行身体部位耐力训练时，一定要结合自身的实际合理调整运动负荷，否则会给身体带来不必要的运动伤害，得不偿失。

2. 全身的耐力

全身的耐力主要是指机体在整个身体机能在运动训练中克服疲劳的综合能力。它可以反映出运动者机体的综合耐力水平。例如，长跑、马拉松大学生等进行的耐力训练就属于全身耐力训练，这一训练内容要贯穿整个运动训练的始终。

（五）按运动项目耐力分类

1. 一般耐力

一般耐力指的是机体多肌群、多系统长时间工作的能力。对于任何运动项目而言，都需要一般耐力，这是重要的基础。对于不同的运动项目来说，各项目的特点对耐力素质的要求不同，因此在进行一般耐力训练时，应充分考虑一般耐力与专项耐力之间的关系，有重点地进行训练。

2. 专项耐力

专项耐力是指为了获取专项成绩，大学生最大限度地动员机能能力，克服专项负荷所产生的疲劳的能力。根据运动项目的不同，专项耐力呈现出不同的特点。例如，短跑项目的专项耐力需要保持较长时间高速度的速度能力;拳击、体操等专项耐力则需要有力量性的力量耐力和静力性耐力等。因此,不同的运动项目要具体分析。

三、影响耐力素质的因素

可以说,影响大学生耐力素质的因素有很多,如大学生训练和比赛中的心理耐受能力、运动器官持续工作的能力、能源物质的储存情况和长时间运动中氧代谢的能力以及掌握运动技术的熟练程度和功能节省化的水平等。这些都是影响大学生耐力素质的重要因素。

需要注意的是,除了以上因素外,最为主要的一个因素是大学生在长时间运动中所产生的疲劳,造成机体工作能力暂时性下降。这是一种正常的生理现象,机体进行长时间的工作,会使体内的能量物质大量消耗,在得不到及时补充的情况下,必然会产生一定的疲劳。但是,疲劳又是提高有机体工作能力所必需的,它是有机体机能恢复与提高的刺激物,没有疲劳的刺激,机体机能就不会得到提高。因此,提高耐力素质对体能的发展和人体克服疲劳能力非常重要。大学生在平时的体能训练中,要将耐力素质训练放在非常重要的位置,尤其是对于那些长跑大学生而言。

四、耐力素质发展的敏感期

在耐力素质的发展方面,男性与女性有着一定的区别,但区别不大。一般情况下,耐力素质发展的敏感期,男子在 10~20 岁之间,女子则在 9~18 岁之间。在这一年龄段,加强大学生的耐力素质训练具有重要的意义。决定大学生耐力素质的因素有很多,其中有氧供能和无氧供能系统的机能状况是最为重要的因素,除此之外,还包括以下几个方面的要素。

(1)最大吸氧量。
(2)心脏循环率。
(3)肺的扩张能力。
(4)大脑血液循环的动力学特征。
(5)血液成分的机能状况。

第八章　大学生耐力素质训练与提升

(一) 有氧耐力

有氧耐力对于大学生身体素质的全面发展具有重要的意义,一般情况下,男子、女子在不同年龄阶段的有氧耐力指标增长幅度是不同的。

1. 男子有氧耐力指标

一般情况下,男子耐力素质指标的提高有两个高峰期,第一个高峰期在 10～13 岁之间,第二个增长高峰在 16～17 岁时,尤其是在男子 16 岁时,有氧耐力指标增长最快。

2. 女子有氧耐力指标

一般情况下,女子在 9～12 岁时,有氧耐力指标才出现快速增长的现象。14 岁以后,有氧耐力水平的增长呈现下降趋势,16 岁后下降得更为明显。

(二) 无氧耐力

男子、女子在不同年龄阶段,其无氧耐力指标增长幅度也是不同的。把握这一特点及规律对于大学生的选材与训练具有重要的意义。

1. 男子无氧耐力指标

通常情况下,男子在 10～20 岁期间,其无氧耐力水平呈逐年增加的趋势,并且分别在 10 岁时出现第一次增长高峰,在 13 岁时出现第二次增长高峰,在 17 岁时出现第三次增长高峰,在这一时期,一定要加强大学生的无氧耐力训练,从而有效提高大学生的无氧耐力水平。

2. 女子无氧耐力指标

通常情况下,女子在 9～13 岁时,无氧耐力呈现出逐年递增的趋势,14～17 岁,无氧耐力水平的提升呈现出一定的下降趋势,一般来说主要在女子 15～18 岁期间,加强其无氧耐力训练,能有效促进无氧耐力水平的提升。

总之,大学生的耐力训练应从有氧耐力入手,随着大学生年龄的不断增长,要加大无氧耐力训练的比例。但是在训练的过程中要把握有氧与无氧耐力训练的规律与特点,不能拔苗助长,要按部就班地进行训练。

五、耐力素质训练的注意事项

（一）注意呼吸的节奏与动作相一致

呼吸的作用在于有效摄取耐力练习时有机体所需要的氧气。在训练过程中，当大学生进行中等负荷耐力练习时，会出现每分钟耗氧量与氧供给量之间的不平衡，如果不及时进行处理，久而久之就会出现不平衡现象。因此，耐力训练一定要注意呼吸的节奏与动作节奏的合理把握。在具体的耐力素质训练中，大学生以适当加深呼吸深度为主的供氧能力训练动作。与此同时，还应注意呼吸节奏与动作节奏的密切配合，只有如此才能使得大学生耐力训练具有一致性，使呼吸与动作协调。

（二）注意对体重进行适当控制

在大学生的专项耐力训练中，还要结合运动项目的特点适当控制大学生的体重。因为，如果人体肌肉中脂肪过多，就会增大肌肉的阻力，摄氧量会出现一定的下降现象。在这样的情况下，大学生机体会消耗大量的能量，不利于耐力素质的发展和提高。需要注意的是，有很多项目都对大学生的体重有着一定的要求，如体操、拳击等运动项目，长期进行这些项目的训练，需要控制一定的体重，如此才能取得理想的训练效果。

（三）注意消除运动疲劳和恢复机能

由于大学生耐力训练的时间都比较长，因此会消耗机体大量的能量，在这样的情况下，必须要及时合理地补充能量，如此机体才能更快地恢复及获得超量能源的储备。在充足的能量储备下，下一次的训练才能安全和有效。尤其是对于一些耐力性项目的大学生而言，合理及时地补充能量极为重要，这直接影响到耐力训练的效果。另外，在训练的过程中，还要注意运动疲劳的恢复，可以采用生物学、营养学、心理学等方面的恢复方法，促进机体的有效恢复。

（四）注意做好耐力训练过程中的医务监督

大学生进行长时间的耐力素质训练会消耗大量的体能，在这样的情况下,身体各系统机能就会受到一定的影响。如果在身体条件欠佳和能量不足的情况下继续参加训练,人体各系统功能就容易受到损害。因此,为避免这种情况,就需要加强医务监督工作,这是一项非常重要的工作。

大学生耐力训练的医务监督,主要包括机能评定与大学生负荷安排的承受情况。大学生的机能评定应包括血压、心率和自我感觉等内容;大学生负荷安排的承受情况则主要通过大学生的技术动作变异程度、面部表情变化等来确定。通过大学生耐力训练医务监督工作的开展能有效地避免运动损伤,保证大学生训练中的安全。

(五)注意遵循体能训练的基本原则

大学生的耐力素质训练不是盲目的,在进行训练的过程中要根据他们的生长发育特点与规律合理选择适宜的训练手段。有很多的大学生并没有从小就接触训练,其身体素质并不高,因此在进行耐力训练时就需要遵循以下基本原则。

(1)在合适的时机培养和提高大学生的专门性耐力训练水平。

(2)周期性原则。大学生的耐力素质训练呈现出鲜明的周期性特征,因此一定要遵循运动训练的周期性原则。

(3)一致性和协调性原则。大学生的专项耐力训练要与一般耐力训练相结合,二者要获得协调一致的发展。

(4)针对性和持续性原则。大学生的耐力素质训练要有针对性,同时还要保持持续性,这样才能取得理想的训练效果。

(5)控制性原则。大学生耐力素质的培养与训练,需要高效率的控制,只有如此才能取得理想的训练效果。

(六)注意选择科学、合理的饮食结构

大学生在进行耐力素质训练时,除了注意运动安全外,还要摄入充足的营养。只有如此才能保证大学生在训练中对能量的需求。因此,在平时的生活与训练中,大学生要建立一个正确的饮食结构,饮食结构要合理,能满足身体机能对高碳水化合物、蛋白质、维生素等营养物质的需要。

（七）注意有意识地培养意志品质

耐力素质的训练是非常枯燥无味的,没有良好的意志品质,大学生是很难坚持下去的。因此,加强大学生意志品质的培养与训练是十分重要的。在培养大学生意志品质的过程中,要注意大学生运动负荷的合理安排,不能为了锻炼大学生的意志品质而盲目地加大运动负荷,这是不科学的,容易给大学生带来不必要的伤害。

第二节　大学生耐力素质训练的常用方法与手段

一、有氧耐力训练的方法与手段

（一）有氧耐力训练的方法

1. 长距离训练

长距离训练是有氧耐力训练的主要方法之一。从事耐力性项目的大学生在比赛准备阶段往往会通过参与长距离训练来调整状态,提升比赛能力。长距离训练耗费的时间较多,大学生也要付出大量的体力和精力,因此每周安排的长距离训练不要超过3次,但至少要有一次长距离训练。长距离训练的强度和高水平比赛的强度相近,能够提升大学生的竞技能力,而且也能使大学生在长距离训练中获得更多的感悟和深刻的体会。大学生如果盲目参加训练,没有目的性,没有明确的方向,训练后也没有任何收获,那这样的训练无疑是无效的,而且也造成了时间和精力的浪费。而按照比赛强度设计的长距离训练既能培养大学生坚持不懈的精神,又能锻炼大学生的速度耐力和节奏调控能力,最关键的是促进了大学生参赛能力的提升,使其在比赛中充分发挥良好的体能素质,取得理想的成绩。

一般在大学生身心疲劳消除、状态良好的情况下安排长距离训练。所以,在长距离训练前所安排的训练内容应该是比较轻松的,或者可以直接让大学生休息一天再参加长距离训练。长距离训练场地应该接近真实的比赛场地,模拟比赛环境进行实战演练。大学生在训练过程中可

第八章　大学生耐力素质训练与提升

以熟悉比赛环境,对比赛中的器材设备进行体验。长距离训练的距离长短应该根据大学生的实际情况而定,包括训练年限、竞技能力、身心状态、参赛项目等实际情况。一般来说,训练年限越长,长距离训练的距离就越长。半程马拉松大学生、的长距离跑训练方案示例见表8-1。这个长距离训练方案长达11周,安排在赛前减量训练阶段之前,这是大学生为高水平半程马拉松比赛备战的关键训练阶段。

表8-1　半程马拉松大学生长距离跑训练方案[①]

周	总距离(英里)	距离(英里):以有氧强度	距离(英里):以比赛强度
1	7	6	1
2	7	5	2
3	9	7	2
4	—	—	—
5	8	3	5
6	9	5	4
7	10	5	5
8	—	—	—
9	11	7	3
10	13	5	8
11	13	3	10

从表8-1所示的半程马拉松大学生长距离跑的训练方案来看,训练强度包括两种类型:一是有氧强度,二是比赛强度。通常来说,先按有氧强度训练,再按比赛强度训练,有氧强度跑和比赛强度跑的距离之和要达到长距离跑训练的总距离。这里必须强调一点,一定要先以有氧强度跑一定距离,再以比赛强度跑完剩余的距离,如果顺序颠倒,即先以比赛强度跑一定的距离,那么大学生身心都会非常疲劳,剩余的距离很难再以有氧强度跑完,这样就影响了训练任务的顺利完成。而且在非常疲劳状态下,大学生的跑步姿势也达不到要求,导致技术变形,进而可能引起伤病。这个问题常常出现在像马拉松这样的需要克服体重的耐力性项目中。长距离自行车和长距离游泳也是耐力性项目,但这些项目

[①] 美国体能协会.耐力训练[M].石宏杰,译.北京:北京体育大学出版社,2015:119.

不需要克服体重,所以这个问题很少出现。

在长距离跑训练中,为提高大学生的竞技能力,需要将训练难度逐步提升。提升的方式主要有两种:一种是增加训练距离,一种是减少以有氧强度跑的路程,增加以比赛强度跑的路程。采用这两种增加难度的方式,能够提高大学生对比赛强度的适应能力,使大学生以良好的状态坚持跑完规定训练距离,提升竞技比赛能力。从表8-1来看,第四周和第八周没有对长距离跑的训练进行安排,大学生以休息和调整为主。坚持为期11周的训练后,进入减量训练阶段,从而向比赛阶段过渡。

马拉松大学生的长距离训练主要是长距离跑,其他耐力性项目大学生的长距离训练也可以安排长距离跑,但训练距离比马拉松大学生的训练距离短,而且要结合专项安排其他长距离训练,从而形成长距离交替训练的方式,如铁人三项的长距离交替训练,范例见表8-2。

表8-2 铁人三项大学生交替训练[①]

周	总骑行距离(英里)	距离(英里):以有氧强度,自行车骑行	距离(英里):以比赛强度,自行车骑行	距离(英里):以比赛强度,跑步
1	60	30	30	3
2	75	30	45	4
3	100	30	70	5
4				
5	75	20	55	6
6	100	20	80	8
7	75	20	55	6
8				
9	80	15	65	8
10	90	15	75	8
11	100	15	85	8

2.间歇训练

培养大学生的耐力素质尤其是耐力性项目大学生的专项能力,也

---

① 美国体能协会.耐力训练[M].石宏杰,译.北京:北京体育大学出版社,2015:120.

第八章　大学生耐力素质训练与提升

可采用间歇训练法进行训练,这种训练方法的特点是训练强度大,持续时间和间歇时间适中,以无氧强度完成高强度训练,以较小强度完成间歇时段的训练。大学生在间歇训练中持续时间约为 45～90 分钟。间歇时间根据大学生的实际情况而定。间歇训练方法包含下列几个构成要素。

（1）准备活动

大学生在每一次的训练中都要先做必要的准备活动,以调动身体组织器官的功能,激活身体各部位的功能,为后面的大强度训练打好基础。做好准备活动能够为基本部分的训练做好生理和心理上的双重准备。准备活动的强度是从低到高循序渐进增加的。在准备训练阶段,大学生的心率随着运动的进行而增加,肌肉组织中流入的血流量也不断增加,从而也提升了肌肉温度,对肌肉新陈代谢起到了促进作用。此外,在准备训练阶段也可以进行分解练习,结合专项技术而进行热身练习,将技术分解成单个的动作环节而练习,然后再进行完整练习。这种准备性的训练方式在很多项目的准备阶段都可以采用。

（2）短距离冲刺组合

训练年限长的大学生经常采用短距离冲刺组合的训练方式来使自身的竞技能力得到最大程度的提高。将短距离冲刺组合训练方式纳入间歇训练方案中,能够促进大学生神经肌肉功能的改善,使大学生对快速运动时的感觉有准确而深刻的体会。短距离冲刺组合是组合类练习方式,它的构成主要包括两个部分:一是高强度训练,二是短暂的间歇。但我们一般不提倡大学生用极限强度的组合练习方式去挑战极限,因为这容易引起过度疲劳。合理的组合练习方式应该是既能使大学生准确、熟练地完成高强度训练,又不会导致大学生出现过度疲劳症状。组合训练对大学生的精神专注力提出了很高的要求,所以大学生在组合训练中容易出现心理疲劳症状。对此,要合理控制短距离冲刺组合训练的强度,不要过分追求极限,如果导致身心严重疲劳,则得不偿失。

（3）耐力组合

长跑、长距离自行车等耐力性项目适合采用耐力组合训练方式,间歇训练时间为 20～40 分钟。大学生以完全无氧强度来完成这一练习,中间有几次适宜的休息时间。

（4）整理活动

在间歇训练的最后要进行必要的整理活动,目的是使肌肉新陈代谢的过程得到缓解,这是通过使肌肉组织中流入的血液减少而实现的。这就需要逐渐降低运动强度,以低强度训练为主,重新分配血液,使肌肉中的代谢物尽快排出,使大学生的身体和心理慢慢恢复到正常状态。通过整理活动来恢复身体机能的正常水平也是为下一次训练做准备的必然要求。

在间歇训练中对肌肉运动强度进行评估时,要对运动强度的等级予以划分和确定,通常包括四个级别的强度,由大到小分别是比赛强度、无氧强度、有氧强度和轻松强度。这种便捷的评估方式能够帮助教师和大学生了解训练强度是否适宜及其与训练效果之间的关系,从而更好地调整训练强度以达到更好的耐力训练效果。

3. 有氧训练

中等强度且持续时间适中的有氧训练最容易操控,大学生可以通过简单运动形式在任何地方以有氧强度完成训练。准备活动和整理活动分别占 5～10 分钟和 15 分钟的时间。有氧训练是发展耐力的传统训练方法。刚开始从事耐力训练的大学生采用这种训练方法可以很好地提高耐力水平。一般来说,间歇训练与有氧训练结合是长距离训练的最好补充。

(二) 有氧耐力训练的手段

1. 沙地负重走

在沙滩上肩负杠铃杆或背人做负重走,距离约 200 米。心率 130～160 次/分。

2. 负重连续跳

肩负杠铃杆等轻器械做连续原地轻跳或提踵练习,30～50 次/组。

3. 连续跳推举

原地蹲立,双手握杠铃杆,提铃至胸后,连续做跳推举杠铃杆,重复 20～30 次。

第八章　大学生耐力素质训练与提升

4. 沙地竞走

在沙滩或沙地上竞走 500～1000 米。反复练习。

5. 双摇跳绳

原地正摇跳绳,跳一次摇两圈绳,连续跳 30～40 次。心率恢复到 120 次/分以下时继续练习。

6. 连续跳深

站在高 60～80 厘米的台阶上向下跳,落地后接着迅速跳上高 30～50 厘米的台阶。连续跳 20～30 次,重复练习。

7. 连续跳栏架

双脚起跳连续过 20 个高 30～40 厘米的栏架,往返一次为一组,做 8～10 组。

8. 连续引体向上或屈臂伸

连续在单杠上做引体向上或在双杠上做屈臂伸,20～30 次/组,做 4～6 组。

9. 划船练习

水中划小船(单桨和双桨交替),每次 10 分钟,重复 4～5 次,间歇 10 分钟。

10. 拉橡皮带

结合专项练习或专门练习做连续拉胶皮带练习,如拉橡皮带扩胸、拉橡皮带做支撑高抬腿等。

11. 双杠支撑连续摆动

双杠上直臂支撑,以肩为轴摆动,40 次/组,做 4～5 组。间歇 3 分钟。强度 40%～55%。

12. 俯卧撑或俯卧撑移动

在垫上连续做俯卧撑,30次/组,做4～6组,或成屈臂俯卧撑姿势,双臂、双脚发力左右移动,20～30次/组,做4～5组。

13. 手倒立

独立完成手倒立或对墙做或在帮助下完成。每组倒立静止1～3分钟,做3～4组,间歇5分钟。

14. 登山游戏

在山脚下听口令起动,按自选路线或规定路线登山,途中安排游戏,规定完成游戏后才可到达终点。

15. 循环练习

将8～10个练习组成一套循环练习,每组循环5分钟以上,做3～5组,间歇5～10分钟,强度40%～60%。每组训练结束后待心率恢复到120次/分以下再进行下一组练习。

16. 5分钟以上的跳舞

例如,健美操、迪斯科等,连续跳5分钟以上。间歇5～8分钟后继续练习。强度40%～60%。

17. 水中快走或大步走

在浅水池中快速走或大步走200～300米,间歇5分钟后继续练习,强度50%～55%。

18. 竞走追逐

两人在跑道上前后间隔10米,听口令竞走,后者追赶前者,距离400～600米,强度50%～60%。每次结束放松慢跑2分钟再继续练习。

19. 大步走、交叉步走或竞走

在公路、公园等场地大步快走,交叉步走或几种走交替进行。距离1000米左右,间歇3～4分钟后继续练习。强度40%～50%。

20. 法特莱克跑

根据自我感觉和地形的变化来自行变换速度,但应对全程或某一分段内的加速跑次数做些规定,并可自由决定减速段落的长度以及法特莱克跑的结构。跑的时间一般不超过30分钟。持续跑的负荷和间隙休息都保持在较高水平和最佳心率范围内;同时,由于肌肉活动有间歇时间,也有利于提高训练效果及机体抵抗疲劳的能力。

二、无氧耐力训练的方法与手段

(一)无氧耐力训练的方法

1. 缺氧训练

缺氧训练是提高无氧耐力水平的重要训练方法之一。缺氧训练可在特殊环境下进行,其中首选高原训练。此外,在平原也可进行高原模拟训练。只要训练方法得当,那么在特定平原环境下的模拟训练对大学生无氧耐力的提高效果无异于高原训练。

2. 最大乳酸训练

大学生在训练中机体血乳酸水平达到最高的训练方式就是最大乳酸训练,这是无氧耐力训练的主要方式之一,有助于提高机体糖酵解供能水平。

实践证明,糖最大无氧代谢训练敏感的范围是血乳酸12～20毫摩尔/升。在最大乳酸训练中采用间歇训练的方式能够使血乳酸浓度增加,如先以极限强度跑1分钟,再轻松跑或休息4分钟,重复5次,血乳酸浓度的变化如图8-1所示。

采用该方法进行无氧耐力训练要对训练强度、间歇时间进行合理安排。为了增加血乳酸的浓度,可采取的方法为加大运动强度或密度,缩短间歇。极限强度运动的时间不少于30秒,建议1～2分钟,这样能够促进糖酵解系统供能能力的充分发挥与有效提升,逐步提高血乳酸值,进而提高无氧耐力。

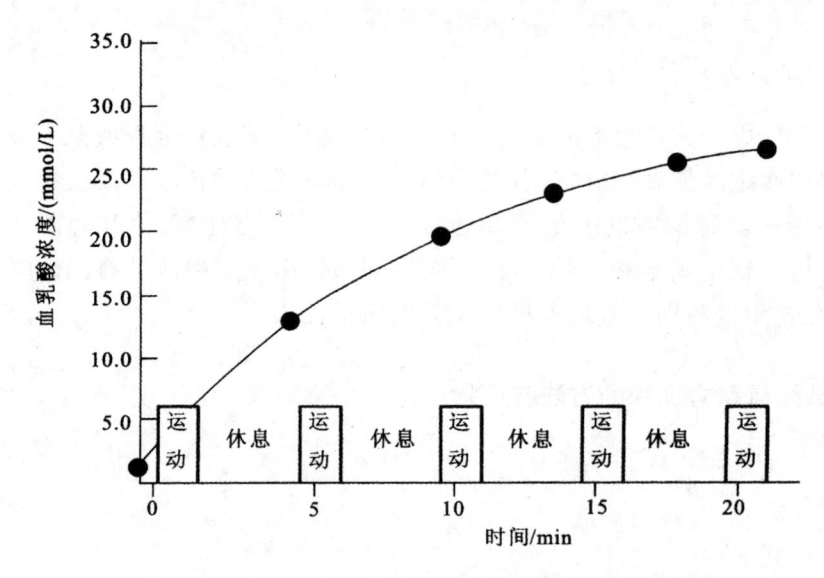

图 8-1　5 次间歇快跑后血乳酸浓度的变化 [1]

3. 乳酸耐受能力训练

当机体乳酸值较高时仍能正常参与较高强度运动的能力即为乳酸耐受能力。在乳酸耐受能力训练中，血乳酸维持最佳浓度范围（血乳酸值 12 毫摩尔/升），机体不断适应血乳酸的刺激，肌肉乳酸脱氢酶的活性逐步得到提升。这样乳酸水平的提高就不会严重影响大学生完成持续时间较长、强度较大的运动，这对提升大学生的无氧耐力水平非常有帮助。

4. 抗阻训练

教师和大学生以往将很多精力与时间用于有氧耐力训练中，但对无氧耐力训练不够重视，从而影响了耐力水平的整体提升。有专家指出，应将抗阻训练纳入无氧耐力训练中，从而促进大学生耐力水平和综合竞技能力的提升。

大学生的竞技能力受到诸多因素的影响，从运动生理学视角来看，影响因素主要有乳酸阈值、最大摄氧量以及运动机能节省化，这些因素发挥不同的作用，从很大程度上影响大学生的运动能力，此外对从事其他运动项目的大学生的竞技能力也有重要影响。鉴于这些因素的重要

---

[1] 谭成清，李艳翎.体能训练[M].长沙：湖南师范大学出版社，2012：169.

性,在训练中设计和选用的训练方法要对提升大学生的有氧代谢能力、神经肌肉系统功能以及无氧代谢能力等有重要的帮助。

有氧训练对提升大学生的有氧功率和有氧代谢能力具有重要作用,但不会明显影响大学生的神经肌肉系统能力和无氧代谢能力。所以,在有氧训练的基础上还要进行能够积极影响大学生神经肌肉系统能力和无氧代谢能力的抗阻训练。抗阻训练也能在一定程度上积极影响大学生的有氧代谢能力。大学生通过参与抗阻训练,能够有效提升乳酸阈值水平、无氧代谢能力,这样大学生具有更强大的能力去完成高强度训练和比赛。

大学生进行抗阻训练可以采取多种模式,如使用各种管、带、球等工具来训练核心肌群的平衡性与稳定性;使用哑铃、杠铃、壶铃等器械进行举重练习,以超等长练习方式为主;做引体向上、俯卧撑等克服体重的练习等。大学生要从自身实际出发选用适合自己的训练方式,或将多种训练方式组合起来进行综合训练,提升训练效果。

要提升无氧耐力水平和整体耐力素质,进而提升综合运动能力就要善于利用不同重量的器械进行超等长练习,并将之与克服体重的练习结合起来,这样训练效果非常好。而如果只采用单一的方式来训练核心肌群的稳定性或只进行非稳定支撑训练,那么将很难明显提升大学生的耐力素质和竞技能力,如果方法使用不当,反而会对力量耐力造成消极影响。全身抗阻训练相比这些训练方式,更容易将腹肌、腰部肌肉等核心肌群的性能激活,如深蹲便能达到这一效果。抗阻训练也适用于大学生的康复训练,如使用阻力带或轻器械进行平衡性与稳定性训练。这对运动康复的效果比对提升耐力性项目大学生运动能力的效果更显著。在无氧耐力训练中采用抗阻训练方式,要将多个因素协调起来,要设计和选择最佳训练模式,提升训练效率,取得最佳训练效果。因此,建议将举重器械练习、自由重量练习、克服体重练习等多种练习方式综合起来。

在大学生的耐力训练计划中加入抗阻训练的内容,就要将一般的耐力训练方法和抗阻训练有机整合起来。倘若只是将抗阻训练内容简单地加入训练计划中,那么只会增加大学生的训练量,增加训练负荷刺激,进而加重大学生的疲劳症状,甚至引起运动损伤或造成过度训练。这样就会对原来的训练计划的顺利实施造成不好的影响,使原计划中的训练难以继续进行下去,打乱训练节奏,影响最终训练效果。因此,教练员将抗阻训练纳入训练计划中,一定要合理调控一般耐力训练与抗阻训练的比例。而要实现一般耐力训练与抗阻训练的有机整合,就要适当将一般耐力训练负荷减少,而适当增加抗阻训练负荷。

将抗阻训练纳入耐力训练计划中,要适当减少原计划中的负荷量,而要减少多少负荷量,主要由年度训练目标、训练阶段、抗阻训练负荷量等多个因素决定。例如,将抗阻训练放到一般准备阶段去实施,要求抗阻训练的负荷量大一些,训练频率高一些,这就需要将原本的耐力训练负荷减少一些,大约要减少25%~37%。若将抗阻训练放到竞赛期,要求抗阻训练的负荷量少一些,训练频率低一些,此时原本的耐力训练负荷依然要减少,但减少的量小一些,大约20%左右。可见,训练负荷的调整与训练阶段密切相关。如果对训练阶段这一因素不做考虑,那么就要对总的训练负荷以及整合训练的效果着重进行考虑,尽可能通过整合耐力训练和抗阻训练而实现训练效果的最大化。也有教练员不认同将抗阻训练融入训练计划中时一定要将耐力训练的负荷减少,一些教练员甚至认为抗阻训练可以频繁进行,耐力训练也如期进行,训练频率不需要减少,训练负荷也照常安排,如果长期如此,必然会造成疲劳积累,造成严重疲劳,影响大学生的健康和运动能力的持续发展。

在耐力训练和抗阻训练的整合中,要合理安排二者的训练顺序,并根据训练顺序而调整训练负荷。例如,若将抗阻训练安排在上午,将耐力训练安排在下午,那么下午的训练负荷应该小一些,以免加重机体疲劳,因为大学生经过上午的抗阻训练已经有了一定程度的疲劳,所以不适合再进行大负荷训练。这个安排更适用于准备训练阶段。如果训练顺序调换,耐力训练在上午进行,抗阻训练安排在下午,那么可能会影响下午的训练效果,所以不适合在准备训练阶段进行这样的安排。一般在竞赛阶段和专项准备阶段适合采取这种安排方式。

若对不同训练内容的安排顺序不做考虑,那么在耐力训练和抗阻训练的整合中,必须对相邻训练课次之间的关系及相互影响重点进行考虑。一般情况下,高负荷的耐力训练和高强度、大运动量的抗阻训练不宜安排在同一天。如果先进行的抗阻训练强度大,训练时间长,那么后进行的耐力训练应该以恢复性训练为主,强度较低,负荷量较小。而如果先进行的抗阻训练强度和负荷量并不大,那么后进行的耐力训练可稍微增加运动强度和运动量。总之,要保证总负荷的合理性,在此基础上对训练内容、训练课次、训练顺序进行合理有序安排。

总之,在耐力训练和抗阻训练的整合过程中,要对训练阶段、训练顺序、训练课次关系、训练负荷等因素进行合理安排,使各因素保持最合理的状态,从而大大增加整合训练效果,有效提升大学生的耐力水平和整体运动能力。

(二)无氧耐力训练的手段

1. 反复跑

进行80米、100米或120米的反复跑练习。每组3~5次,重复4~6组。每组结束后心率恢复至120次/分时进行下一组练习。

2. 反复起跑

蹲踞式或站立式起跑30~60米,每组3~4次,重复3~4组。

3. 间歇行进间跑

进行30米或60米的行进间计时间歇跑,每组2~3次,重复3~4组。

4. 间歇接力跑

在跑道上,4人分成两组,相距200米,听口令起跑,每人跑200米后交接棒,每人重复8~10次。

5. 计时跑

长于专项距离的计时跑或短于专项距离的重复计时跑。重复次数根据跑距而定。

6. 变速跑

快跑与慢跑交替进行。要锻炼非乳酸性无氧耐力,方法为50米快、50米慢,或100米快、100米慢,或直道快、弯道慢,或弯道快、直道慢等。要锻炼乳酸性无氧耐力,方法为400米快、200米慢,或300米快、200米慢,或600米快、200米慢等。强度60%~80%。

7. 变速越野跑

在公路、草地等场地进行越野跑,途中加入若干次50~150米的加速跑或快跑。

8. 反复变向跑

听口令向前后、左右变向跑。每次2分钟,重复3~5组,间歇3~5分钟,强度65%~70%。间歇后心率恢复到120次/分以下再继续练习。

9. 反复连续跑台阶

在每阶高20厘米的楼梯上连续跳30~40步台阶,每步2个,重复6次,间歇5分钟。强度65%~70%。

10. 球场往返跑

在篮球场端线处听口令跑至对面端线后再返回。每组往返4~6次,重复4~6组。强度60%~70%。

第三节 提升大学生耐力素质的专项运动训练

一、游泳专项耐力的特征

通常,按照距离的不同,专项耐力供能特征是有所差别的,或者侧重点是不同的。进行游泳速度耐力训练时,应有区别地针对不同速度耐力的供能特征,选择训练手段与方法,发展游泳专项(主项)的速度耐力。

一般来说,游泳专项耐力指数的计算公式为:

$$专项耐力指数 = 平均速度 / 绝对速度$$

其中,绝对速度是一种标准距离的速度。100米的标准距离为25米,200米的标准距离为50米,400米的标准距离为100米。[①]

[①] 全国体育院校教材委员会.游泳运动[M].北京:人民体育出版社,2013:198.

二、影响游泳专项耐力训练效果的因素

游泳专项耐力水平是肌肉力量耐力水平的表现,对其产生决定性影响的因素主要为每次划水效果的保持能力,这是一种保持速度的能力。一般后程速度的保持,主要是以加快动作频率来实现。具体来说,对游泳专项耐力训练效果产生影响的因素主要有以下几个方面。

(一)乳酸峰值和乳酸耐受水平

游泳运动专项耐力肌肉工作的主要供能来源是糖原酵解供能,凡制约糖酵解能力的因素,都会对专项耐力水平的发展与提高产生影响。

(二)负荷的作用方向

专项耐力的供能系统有两个以上,因此在进行游泳运动专项耐力训练时,要比发展绝对速度和一般耐力复杂得多。另外,发展专项耐力的负荷强度要比较高。负荷强度对机体生理影响较大且持久,容易引起过度疲劳,对训练技术有着较高的要求。

(三)力量训练水平

对于高速度的保持来说,力量训练水平所起到的作用至关重要,一般来说,与合理的技术有效结合,运动效率会更高,更经济。

(四)年龄与生长发育

对于年龄较小的少年儿童来说,他们早期的训练宜从事一般耐力和速度的训练,将发展有氧运动能力和绝对速度(ATP-CP供能能力)作为重点,随着年龄增长,生长发育成熟,逐步增加速度耐力的训练,提高糖酵解供能能力的训练比重。这类练习通常只占到总训练量的1/3左右。

三、游泳专项耐力素质训练的方法

大强度的间歇训练法、重复训练法及比赛训练法是游泳专项耐力素质训练常用的训练方法。通常,游泳专项耐力训练的最大特点是总负荷

高,心率、血乳酸达到最高水平。具体来说,就是采用超个体乳酸阈强度直至在较短距离中超比赛强度进行训练,中距离大学生训练时的负荷总量达比赛的3～6倍,长距离为1～3倍,两次练习之间的间歇相对略长。

采用大强度间歇训练时,应待心率恢复至120～145次/分再进行下一次练习;进行重复训练时则要求恢复到120次/分以下。练习采用的距离,中距离为比赛距离的1/4～3/4,长距离不宜超过比赛距离的3/4,但常采用比1/4专项距离短的练习段落。这里要强调的是,大学生专项耐力特点会因为游距的不同而有所差别。

(一)短距离游泳专项耐力训练

根据能量代谢的理论,无氧代谢水平的高低决定了大学生短距离游泳的运动能力。无氧训练常用的方法有速度训练、重复训练、间歇训练、变速训练等,以及按照能量分类的高乳酸训练、乳酸耐受力训练、无氧耐力训练等。

1. 高乳酸训练

高乳酸训练是指使训练强度足以达到产生最大乳酸,从而改进无氧代谢机能,提高工作肌耐乳酸和消除乳酸能力的训练方法。主要采用25～100米距离,总量在200～400米,练习时间与间歇时间之比为1∶8～1∶2,用100%～110%比赛速度,根据距离的不同血乳酸指标控制在10～18毫摩尔/升,心率要求达到最高或最高心率减10次/分的强度。强度水平若低于这些指标,则达不到乳酸峰值训练的效果。乳酸峰值训练对大学生机体的刺激强烈,潜在的危险性(导致过度训练)也大,每增加100米的无氧训练量,都会使大学生生理付出极大的代价,从而增加了训练控制的难度。乳酸是糖酵解的最终产物,运动中乳酸生成量越大,糖酵解供能比例就越大,这说明无氧代谢水平越高。所以,高乳酸训练的目的是使糖酵解供能达到最高水平,提高50米、100米以及最大强度运动时间为1～2分钟项目的运动能力。

2. 乳酸耐受力训练

乳酸耐受力训练是最艰苦的训练负荷等级,具体是指在重复游或长距离游训练中,使大学生长时间产生的乳酸量大于消乳酸量的训练方法。改进无氧代谢的供给和忍痛能力,提高工作肌缓冲和耐乳酸能力以适应比赛,是乳酸耐受力训练的主要目的所在。乳酸耐受力训练的核心是重复次数、组数与间歇。可采用 50 ~ 200 米距离,总量在 400 ~ 600 米,训练时间与间歇时间之比为 1∶2 ~ 1∶1,用 95% ~ 110% 的比赛速度,根据距离的不同血乳酸指标控制在 6 ~ 12 毫摩尔/升,心率要求达到最高或最高减 10 次/分的强度。

高乳酸水平的血乳酸值在每升 8 毫摩尔以上,但在个体方面有着较大的差异性,在实际训练中教练员应以大学生个体乳酸水平为准,负荷水平应控制在高于最大吸氧量训练的血乳酸值水平。一般来说,训练的分段距离为 100 ~ 200 米,强度水平应在 90% 以上,心率达个人心率水平的最大值。

不同训练水平的大学生对乳酸的耐受力也是不同的,乳酸耐受力提高时,机体不易疲劳,运动能力也随之提高。因此,乳酸耐受力的训练对 100 米、200 米项目尤为重要。发展乳酸耐受力的手段如表 8-3。

表 8-3 发展乳酸耐受力的训练手段[1]

重复次数	占最好成绩的比例(%)	占测验成绩的比例(%)	血乳酸范围(毫摩尔/升)	心率范围(次/分)
5(6×100米)	86 ~ 89	90 ~ 93	12.58 ~ 13.57	180 ~ 190
2(10×100米)	86 ~ 89	89 ~ 92	11.94 ~ 13.36	180 ~ 198
20×50米	84 ~ 89	89 ~ 91	9.2 ~ 15.23	197 ~ 200
100米分段游	101 ~ 103	105 ~ 110	9.33 ~ 12.37	—

3. 无氧耐力训练

游泳比赛中,200 米以下的比赛项目占到了 80%,能量供给以无氧代谢为主,所以这些项目的大学生在训练进入专项提高阶段时,教练员都会安排大量的无氧耐力训练,从而使大学生对乳酸的耐受程度有所提升,使大学生在身体供氧不足的情况下,还能维持较长时间对肌肉收缩功能的能力。由此可以得知,无氧运动能力的高低对大学生短距离游泳的运动能力有决定性影响。

---

[1] 王向宏. 体能训练力量与方法[M]. 北京:北京航空航天大学出版社,2010:89.

无氧耐力是大学生提高专项水平的重要保证。大学生通过无氧训练能使自身的无氧代谢能力得到提高,同时还能对有氧、无氧两种代谢途径进行有效控制和调节。发展大学生的乳酸能供能能力时所用到的训练方法有很多,比如,间歇训练法、重复训练法,而发展非乳酸能供能能力的训练则主要采用短冲训练法。

(1)间歇训练法

无氧耐力训练中的间歇训练法在强度方面有着较高的要求,一般要求完成85%~95%的强度,训练手段则根据训练内容的要求进行安排。发展耐乳酸能力,一般较多采用短间歇的形式,如4组8×25米,间歇5秒,4组4×50米,间歇10秒等。

发展糖酵解能力的训练会出现一些"梯形"组合训练,如2组200米,3×100米,8×50米主项训练,间歇45秒,组间歇3~5分钟。这种训练方法可以从长至短安排,也可从短到长,其训练效果也会随之发生改变,通常前一种安排的主要作用是提高大学生迅速动员机体糖酵解能力,后一种安排的作用则是提高机体长时间维持糖酵解机制的高度活性。

(2)重复训练法

重复训练法的形式与间歇训练法的形式基本相同,主要差别在于,重复训练法在间歇时间的要求上并不严格,一般当大学生的呼吸和心率基本恢复后再开始下一个训练即可。重复训练法能使大学生的速度感和动作节奏感都有所加强,一般安排与比赛相同的项目。例如,3×200米主项、5×100米主项等。这部分的训练内容强度较大。因此,在控制方面较为严格,注意大学生的完成情况,并做好大学生练后的恢复训练,从而使大学生过度训练的情况得到有效避免。

(3)短冲训练法

这种训练方法在每堂训练课中都会出现,具体来说,会要求大学生用最快的速度全力完成。距离安排较短,最常用的是15~25米的练习,间歇时间较长,心率与呼吸的恢复应该比重复训练法更接近安静时的基础水平,例如,10×15米、8×25米等。这种训练要求大学生的划手和打腿都要以最大力量和最快速度进行,因而对肌肉的刺激较大,在肌肉的速度和力量的提高以及快游时的技术改进方面都有着积极的影响,对大学生的神经系统来说,也是非常好的一种锻炼方式。

第八章　大学生耐力素质训练与提升

（二）中长距离游泳专项耐力训练

1. 有氧无氧混合训练

有氧无氧混合训练是介于有氧和无氧训练之间的混合供能训练，强度为 90%～95%，血乳酸值约为 5～9 毫摩尔/升，间歇时间控制在心率降至 120 次/分即开始下一次训练即可，这样能使大学生有氧无氧混合供能能力得到有效提高，速度耐力得到发展。

（1）重复游的方法：(2～4)×100 米，间歇 3～5 分钟，要求完成最好成绩的 95%～100%。

（2）递增变速游的方法：要求大学生完成每一游距时，后程比前程快，如 $n×400$ 米。要求每个 400 米用最好成绩的 90% 来完成，且每个 400 米后 200 米的成绩要比前 200 米快。通过较高负荷心率的刺激，能有效提高大学生机体抗乳酸能力，使他们在保持较高强度的情况下持续运动的能力得到保证。

（3）10～25 米的配合游和分解训练。进行这种游距的训练时，可采用加阻游、极限强度的带划水掌游、超极限速度（大于 1.9～2.0 米/秒）的水槽游（水流流速在 1.9～2.0 米/秒以上）、滑轮拉力游以及 25～50 米比赛游的方式练习。采用重复和间歇法训练时，重复次数不宜过多，重复次数控制在 6～8 次至 12～16 次即可。[①]

2. 有氧耐力训练

大学生的有氧耐力训练在整个游泳训练中所占的地位是非常重要的，其训练量在全年训练量中占主要地位，大学生长距离有氧训练的量所占比重则更多。从能量代谢的角度看，人体运动的最终能源来自营养物质糖和脂肪的有氧代谢。因此，无论什么项目的大学生都必须重视有氧训练，而 400 米以上的游泳比赛项目则是以有氧代谢为主，有氧训练的地位就更加重要。

游泳训练中有氧耐力训练的方法、手段会受到运动强度、游距的影响。实践证明，对于长距离和超长距离游泳项目的大学生，70%～85%

---

① 王向宏. 体能训练力量与方法[M]. 北京：北京航空航天大学出版社，2010：122.

的运动强度、持续进行中距离训练并结合短的间歇,心率保持在 120～160 次/分的训练是较为适宜的,能使大学生的有氧代谢能力得到有效发展和提升。

一般来说,大学生有氧耐力训练最常使用的方法是持续训练法和间歇训练法这两种。

(1) 持续训练法

这种训练方法的训练距离往往要超过比赛距离,游进的速度要低于比赛速度,一般采用匀速或变速游的手段进行训练。例如,连续 60 分钟爬泳、3×1500 米爬泳等。通过这一训练,能使大学生的一般耐力得到发展,机体的有氧供能能力得到稳定或提高,大学生的技术熟练程度也有所提高,同时在大学生的意志品质方面也有有效锻炼的作用。

(2) 间歇训练法

在采用这一训练方法时,要注意间歇时间不能过长,训练强度不能太高,要使大学生在还没完全得到休息的情况下进行下一个练习,每组练习的时间应保持在 20 分钟以上,这样才能使机体处于以有氧代谢为主供能的状态。例如,30×100 米爬泳,1 分 20 秒包干;或是"梯形"练习,100 米—200 米—400 米—800 米,间歇 30 秒等。[①]通过低强度间歇训练,能使大学生的心血管系统机能、一般耐力和肌肉耐力都得到发展和改善。但是有一点要注意,就是在训练过程中严格控制两个练习之间的休息时间,要在大学生的体力和呼吸尚未恢复到正常水平的情况下继续进行训练。这种练习对大学生的刺激较深,反应也较大,在适应方面难度比较小。

(3) 比赛训练法

教练员通过对大学生有氧耐力进行训练,从而使大学生身体各器官的功能和各项生理指标都得到发展,使其适应日后高强度的专项训练和比赛。一般来说,采用的具体训练方法有以下两种,每种训练方法在能量供应和训练目的与意义上也各不相同[②]。

①无氧阈训练,指大学生在运动强度(速度)递增时由有氧供能开始大量动员无氧供能的转折点,它同时指在无氧代谢最低强度上进行的

---

① 张帅,张悦.游泳运动员耐力训练方法初探[J].内江科技,2012,33(9):177,182.
② 朱晓丹,许聪.11～14 岁年龄组游泳有氧耐力训练分析[J].游泳,2017(2):40-41.

最高峰的有氧训练。

②最大摄氧量训练,其中的有氧无氧混合训练为有氧训练过渡到无氧训练的中间关键环节,应在无氧阈训练基础上提高。

四、游泳专项耐力素质训练与提高

(1)水中间歇高抬腿

在浅水池中原地高抬腿100次为一组,重复4~6组,间歇3分钟。强度60%~65%。

(2)分段变速游泳

变速游泳,每50米变速一次,游完250~300米为一组,共4~5组,间歇10分钟,强度65%~75%。

(3)水中变姿变速游

同上段落。用各种姿势混合游泳,每组每个姿势游50米,3~5组,间歇10分钟。强度65%~75%。

(4)水中短距离间歇游

50米、100米等不同距离组合的间歇游。间歇2~3分钟,强度60%~70%。

(5)水中追逐游

两人相距3~5米同时出发追逐游,50米后往返,强度65%~75%。两人泳姿应一致。

(6)游泳接力

两人或四人50米往返接力,每人游4次为一组,3~4组,间歇5~8分钟。强度60%~70%。

第四节　大学生耐力素质趣味训练

一、抢"羊"

练习目标：
促进速度耐力的提升，培养拼搏意志。
练习准备：
平坦场地，一个篮球。
练习方法：
（1）练习者在场地中站成一排面向教练员做好准备，教练员手持篮球（"羊"）站在场地中心。
（2）游戏开始，教练员吹哨以示开始，吹哨的同时将球向上空抛出，然后教练员离开场地，练习者迅速跑向球的位置进行抢球，抢到者得1分。
（3）抢到球的练习者双手将球举过头顶跑动，其他练习者追逐抢球，同样抢到得1分。
（4）反复如此。规定时间内得分最多的练习者获胜。
练习规则：
（1）抢到球的练习者必须将球举过头顶。
（2）抢球过程中不得对持球者进行推拉，不得故意碰撞。
（3）若球掉落，可继续抢球，抢到者得1分。

二、场地定向越野赛

练习目标：
促进耐力素质的发展和心肺功能的增强，培养团结合作及勇于挑战的精神品质。
练习准备：
定向越野指卡，标志物，打卡器，地图。

练习方法：

（1）将跑动路线设定好，将标志物摆放在不同的隐蔽位置，一个位置放一个标志物。

（2）将练习者均分为4个队，每队选一人担任队长。

（3）教练员吹哨以示开始，各队均有一张地图，由队长带领队员以小组为单位对标志物进行搜寻，每找到一个标志物，在标志点处留下本队的记号，最先找到所有标志物并在所有标志点完成打卡的一队获胜。

练习规则：

（1）必须找到所有的标志物并完成所有打卡才算完成任务。

（2）各队集体协作寻找标志物，不得单独行动。

（3）不得将标志物等比赛设施损坏，否则按犯规处理。

（4）各队之间不得相互干扰，不得故意妨碍其他队。

三、"插秧收稻"接力赛

练习目标：

促进一般耐力、协调能力的发展，培养团结协作意识与能力。

练习准备：

平坦场地，若干空瓶、小旗。

练习方法：

（1）在场地上画3条平行线，将场地分割成4条跑道，跑道长50米。在每条跑道距离起跑线5米处放一个空瓶，然后每隔10米放一个，即每条跑道都有5个空瓶，分别在5米、15米、25米、35米和45米处。

（2）将所有练习者均分为4队，每队又分为2个小组，分别是"插秧"组和"收稻"组，各队练习者站在各自跑道的起跑线后，每队的"插秧"组成员各拿一面小旗做好游戏准备。

（3）教练员吹哨以示开始，"插秧"组迅速沿跑道将小旗插入每个空瓶内。然后跑过终点线，"收稻"组再迅速沿跑道从瓶中取出小旗，然后跑过终点线将小旗交给"插秧"组。用时最短的一队获胜。

练习规则：

（1）"插秧"组听到哨声才能跑动插秧，"收稻"组在"插秧"组跑过终点线后才可进入跑道，所有练习者均不能抢跑。

（2）"插秧"过程中若瓶子倒地需扶好再继续。

(3)"收稻"组完成任务后必须保证瓶子不倒地。

(4)每队在各自跑道上游戏,不得去其他跑道干扰他人。

四、四周等距跑

练习目标:

促进一般耐力、速度耐力、灵活协调素质的发展,培养竞争意识。

练习准备:

平坦场地。

练习方法:

(1)所有练习者手拉手围成大圆,并面向圆心,指定一名练习者由其开始顺时针依次报数,所有人记住自己的报数。

(2)教练员喊出两个号数,对应号数的练习者立即从其他练习者背后逆时针跑一圈,然后回到原位置。

(3)教练员再次叫号,以此类推。

(4)记录每个练习者从开始启动至回到原位置的时间。用时最短的练习者获胜,用时最长的练习者接受惩罚。

练习规则:

(1)待教练员喊出两个号数后才可起动,第一个被叫到号的练习者不得抢跑。

(2)练习者必须沿外圈逆时针跑,不得在圈内跑。

(3)跑动过程中不得穿入人群找捷径回到原位置。

五、推铁环跑接力赛

练习目标:

促进速度耐力、协调性的发展,培养进取精神和团结意识。

练习准备:

平坦场地,若干铁环、标志杆、秒表。

练习方法:

(1)画4条长30米的跑道,将4个标志杆分别放在每条跑道的终点线处。

(2)将练习者均分为4组,各组分别在每条跑道的起跑线后站成一列纵队,各组排头手持铁环做好准备。

（3）教练员吹哨以示开始,各组排头立即起动推铁环沿跑道向前跑,到达终点后从标志杆绕过再返回原位置,各组第二名练习者接过铁环继续游戏,直至4组所有练习者都参与游戏,完成任务。用时最短的一组获胜。

练习规则：

（1）持铁环者不可抢跑。

（2）跑进过程中若铁环倒地或进入其他跑道,迅速将铁环拾起或移到本方跑道再继续游戏。

（3）前一名练习者推铁环返回后,铁环必须从起跑线越过才可由后面的练习者接手,否则视为抢跑。

（4）交接铁环时一组的队友可互相帮助,提高效率,节约时间。

六、四点变向移动跑

练习目标：

促进速度耐力、反应能力的提升,培养坚强的意志品质和勇于挑战的精神。

练习准备：

边长10米的正方形场地,4个标志物,1块秒表。

练习方法：

（1）将4个标志物放在正方形场地的4个角上,每个标志物都标上序号。

（2）4人一组。第一组练习者先进入场地中间站成一排做好准备。

（3）教练员大声喊出标志物序号,场内第一名练习者迅速起动跑向对应的标志物并用手触碰,然后回到原位置。教练员再继续喊序号,第二名练习者按同样的方法跑动触碰对应标志物,然后回到原位置。依次进行。记录每组完成任务的总时间。用时最少的一组获胜。

练习规则：

（1）练习者用手触碰标志物后必须迅速返回原位置,不能逗留。

（2）不得用除手之外的身体部位触碰标志物。

第九章　大学生柔韧素质训练与提升

柔韧素质训练属于综合性体能素质训练的一部分。不管是柔韧素质训练，还是其他综合性体能训练如协调素质训练、平衡素质训练等，都需要个体拥有一个优秀的身体素质，如此才能更加高效地提升综合组织。本章重点研究大学生柔韧素质训练与提升的相关内容。

第一节　柔韧素质概述

一、柔韧素质训练的理论

（一）柔韧素质的基本含义

柔韧素质通常被认为是人体各个关节进行的屈伸动作以及其动作的活动范围。它与力量素质、速度素质和其他运动能力不同的是，柔韧素质不属于运动的原动性因素，它负责支撑运动器官的形态功能，决定运动器官之间相互的活动程度，它对动作的完成质量起到潜在的决定作用。因为发展柔韧素质的关键因素是人体的关节和韧带组织，所以其发展的最佳时期是在儿童青少年时期，这一阶段如果接受恰当的、有针对性的训练，无须多少时间青少年就能收到明显的效果，也降低了受伤概率。

不同的运动项目对柔韧素质的要求也各有不同。由于动作的实际幅度受限于对抗肌紧张度的限制，因此柔韧性的强弱取决于被拉长肌群的放松及对应的肌群的紧张程度，以及两者之间协调结合的能力。另外，除了发展和改善肌肉间的协调性之外，还要改善肌肉和韧带的可塑性。

第九章　大学生柔韧素质训练与提升

(二)柔韧素质的分类

柔韧素质分为一般性柔韧和专门性柔韧两种。一般性柔韧通常对应的是大学生在一般训练时需要具备的柔韧能力,起到适应训练的活动和保护身体的作用。比如,进行常规的速度练习或者力量练习时,所用到的大肌群的柔韧性。田径大学生在做负重深蹲练习时,需要大腿后群肌肉的柔韧性支持。而专门性柔韧是专项运动技术练习或运用时所特需的柔韧性。比较明显的例子有,体操大学生完成一套动作往往需要肩部、髋部、腰部、腿部等各个部位进行大幅度的活动;而大学生在训练和比赛中所需的专项柔韧则集中体现在肩部和腰部。专门性柔韧素质是与专项运动密切相关的,它建立在一般性柔韧素质的基础之上。训练专门性柔韧素质之前必须先训练一般性柔韧能力。但是柔韧素质极少有选择性,各种不同的运动项目对身体同一部位的柔韧要求只表现在幅度的大小和程度不同而已。

(三)影响柔韧素质的因素

影响柔韧素质的因素包括机体解剖学特征因素、神经活动过程因素、心理因素及身体状况因素等。简述如下。

1. 肌肉和韧带组织的弹性因素

肌肉和韧带组织的弹性是决定着柔韧素质的最主要因素。而决定肌肉与韧带性质的首先是遗传影响,其次是性别、年龄及中枢神经系统的兴奋性。中枢神经系统的影响也就是情绪对柔韧能力的影响。比如,在重要的比赛中,大学生由于情绪高涨而会影响到肌肉的弹性,表现为大学生在比赛中比在平时训练时会有更佳的柔韧能力。

2. 关节结构因素

关节的结构对柔韧的影响是相对稳定而最不易改变的,基本上受制于遗传基因。训练可以在一定程度上改变关节内软骨形态的变化,但是这种变化非常有限,不可能超出关节的活动许可范围。

3. 关节周围组织的体积因素

关节周围组织的体积也影响和制约着柔韧的发展。一般而言,关周围组织体积的大小是由基因决定的,在此基础之上,如果大学生由于训练强度而使关节周围组织体积增大,那么将影响关节的活动范围。

4. 神经活动因素

神经活动的兴奋与抑制过程会影响柔韧素质的表现。特别表现在中枢神经系统调节对抗肌间的协调以及调节肌肉紧张和放松情况。由于神经活动过程分化抑制的程度对大学生的放松能力起重要作用,因此与柔韧有着密切关系。神经系统能很好地改善对抗肌之间的对抗程度,这也就对柔韧性的表现产生影响和作用。

5. 紧张因素

大学生的心理情绪变化可以通过中枢神经系统、体液调节等影响到有机体各部位的工作情况。适度的紧张情绪有助于柔韧表现,而过度强烈和时间过长的紧张会抑制身体各个部位的正常活动,也包括柔韧能力。

6. 环境温度和时间因素

经过科学研究,18摄氏度以上的环境温度最适合机体柔韧素质的发挥。同时,在一天的不同时间段,机体的柔韧性也有所不同。除了一天之内的温度变化因素之外,更重要的原因来自生物体本身在一天当中的机能状态也在变化之中。

7. 肌肉力量因素

机体某部位的力量越大,那么该部位的活动幅度就越大,也就是说这个部位的主动柔韧性越好。但是同时力量训练也将使这一部位周围的肌肉组织、韧带等软组织体积增大,又会制约关节的灵活程度。因此,在训练中可采取力量练习和柔韧练习相结合的方法,克服因力量训练带来的不良影响,使力量素质和柔韧素质的发展都达到很高的水平。

8. 疲劳因素

当机体疲劳的时候其柔韧性会产生很大变化,这时候主动柔韧性下降,被动柔韧性反而提高。在运动实践中,准备活动做得充分与否、训练时间的长短等因素对柔韧性也有相当明显的影响。

第九章　大学生柔韧素质训练与提升

二、柔韧素质训练的基本方法

（一）柔韧素质训练的基本要求

1. 柔韧素质无须达到最大限度

尽管对于某些专项运动柔韧性至关重要，但是在训练中只要保证能顺利完成动作，或者做适当的"柔韧性储备"即可，没有必要使柔韧水平达到最大限度。因为超过关节解剖结构限度的正常灵活性会给机体带来损伤，如过分地发展柔韧会导致关节和韧带变形，影响关节结构的牢固性，甚至会影响到大学生的体态。

2. 要兼顾相关联的部位

在有些动作中，柔韧性的表现要牵涉到几个有关联的部位，而不仅仅是一个关节或部位。比如体操中的"桥"就是肩、脊柱、髋等部位的关节共同参与决定的，因此发展柔韧的时候是对这几个部位一起进行发展，如果某一部位稍差，可以通过稍强的其他部位进行补偿，最终达到整体协调发展的目的。

3. 要持之以恒

柔韧性发展较快，但是在停止训练之后肌肉、肌腱、韧带之前经过训练获得的伸展能力消退也快，因此柔韧性的训练要保持日常维护，持之以恒。如果训练的目的是保持已有的柔韧性水平，那么可以少安排柔韧练习或者穿插在别的练习之间进行柔韧练习，如可在课后进行，或者安排在训练课的准备活动、基本部分的结束阶段进行。还可以放在力量练习和速度练习之间的间歇进行。这样一方面可以调节其他练习对身体产生的影响，另一方面由于身体各部位已活动充分而获得良好的柔韧性训练效果。

4. 逐步加大幅度

由于肌肉、韧带的伸长不是一朝一夕的工作，因此柔韧练习要循序渐进地进行。直接拉长肌肉会出现疼痛现象，因此不能盲目地设定目标或增大强度，应该以原有水平作为衡量标准，逐步完成训练目标。如果需要同伴协助进行被动性练习的话,应该更加谨慎,避免肌肉和韧带的拉伤。

5. 柔韧性要从小培养

我国武术界、杂技界对柔韧性发展具有丰富的经验。在儿童期发展柔韧性最有利,因为柔韧的发展是参与在机体自然生长发育的过程中,所以发展相对容易,而且也更容易巩固和保持,不易减退。

(二)柔韧素质训练的基本方法

训练柔韧素质的方法有很多,一般是按照一般柔韧素质和专项柔韧素质来分类的。专项柔韧素质的训练方法分类众多,这里不做具体讨论。因为一般柔韧素质是专项柔韧发展的基础,一般柔韧训练的方法适用性也较广,所以这里以动力性和静力性柔韧素质发展方法为指导,提出几种一般柔韧素质训练的具体方法。

1. 颈部柔韧练习

(1)静力性练习。一般方法是使头部尽可能屈、伸、侧倒至最大限度,然后维持一段时间的静止。

(2)动力性练习。头部在尽可能大的活动范围内做绕环运动,或练习者双手托下颌,做头部的向左、右方向运动的练习。

2. 肩关节柔韧练习

(1)静力性练习。采用正、反、侧三个面的压肩、控肩、搬肩练习。

(2)动力性练习。双手握棍进行转肩练习,或借助弹力带做拉肩、转肩及抡臂练习。

3. 肘关节柔韧练习

(1)静力性练习。可采用屈肘、反关节压肘至最大活动范围,并使之维持一段时间。

(2)动力性练习。最常用的方法是做肘部绕环运动,首先固定肩关节的活动,然后使上臂保持在一个水平面上,然后以肘关节为轴做绕环练习。

第九章 大学生柔韧素质训练与提升

4. 腕关节柔韧练习

（1）静力性练习。同样是采用屈腕和伸腕至最大活动范围并维持一段时间的静止。

（2）动力性练习。采用手腕绕环运动、抖腕运动等手段。

5. 腰部柔韧练习

（1）静力性练习。主要方法有下腰和控腰两种，注意用力缓慢。

（2）动力性练习。可采用腰绕圈、扭腰等方法练习，同样需要注意用力不要过猛。

6. 髋关节柔韧练习

（1）静力性练习。可采用耗腿、控腿、纵劈叉、横劈叉、抱腿前屈等练习。

（2）动力性练习。可采用搬腿，向前面、侧面踢腿，以及外摆、里合、盘腿压膝等。

7. 膝关节柔韧练习

（1）静力性练习。主要有压膝和屈膝两种方法。
（2）动力性练习。采用膝绕环、快速蹲立练习。

8. 踝关节柔韧练习

常用的方法是坐踝、绷脚面、勾脚尖练习以及提踵练习等。

应当注意的是，发展柔韧素质应该以静力性练习和动力性练习结合进行，单纯地采用静力性练习训练效果会欠佳。

三、柔韧素质训练的注意事项

（一）准备活动很重要

充分的准备活动有助于提高肌肉的温度，也就是所谓的热身，它可以有效降低肌肉内部的黏滞性。因此，在进行柔韧练习之前应该先通过适量的准备活动让体温逐步升高，这时候再进行柔韧训练可以防止肌肉拉伤。在训练的过程中，开始应该轻慢进行，然后逐步加大动作的速度、力量和幅度,每一步都不可用力过猛。此外,大学生在进行柔韧素质训练时应注意训练方法的科学性,注意保护肌肉不被拉伤。因此,充分的准备活动是预防拉伤的关键,能保证肌肉在安全的范围内做充分伸展和锻炼,运动后要做适当的放松活动,放松紧张的肌肉,减少内部的黏滞性。

(二)循序渐进地进行

柔韧素质的发展需要循序渐进地进行。不能激进地急于求成,也不能断断续续,这些都会影响训练效果,长时间地停止训练,原有的柔韧便会有所消退。柔韧素质的提高也就是肌肉、韧带等软组织的伸展,是需要符合人体生长变化的时间规律的,它是一个循序渐进的过程,所以要长时间地坚持训练才能达到最佳效果。在需要同伴协助完成被动性拉伸训练时,应该谨慎小心,避免用力不当而受伤,同时协助一方的用力也应该是循序渐进地增加用力。在进行一般柔韧素质训练期间,可以每次训练课安排一次柔韧练习,如果是在保持阶段,那么一周的柔韧练习不得超过3次,练习量逐渐减少。每天用于发展柔韧素质的练习时间保持在45~60分钟。柔韧素质的提高需要大学生持之以恒地训练,才能达到理想的训练效果。

(三)结合专项是关键

柔韧素质训练必须根据专项特点和练习者的具体情况安排。即便是发展一般柔韧素质,也应该考虑到专项的需要。比如,跳跃项目的大学生主要需要腿部和髋部的柔韧性,大学生主要要求踝关节和躯干的柔韧性,体操大学生主要要求肩、髋、腰、腿部的柔韧性。因此,在进行一般柔韧训练的时候,也要结合专项运动的特点,重点练习本专项所需要的几个部位的柔韧性。另外,还要注意针对性和个性化,因为每个人的基础条件和身体情况都有所不同,在训练的时候,应该具体情况具体对待,有的放矢、因材施教才能获得最佳效果,提高训练效率。

(四)多项素质一起发展

身体素质的发展过程中相互间有转移的现象,运动器官的生长也会影响各种素质之间的关系。因此,可以合理地安排柔韧性和协调性等一起训练发展,利用其相互促进的特性,从而得到最有利的发展。例如,力量练习能发展肌肉的收缩能力,柔韧练习能发展肌肉的伸展能力,因此力量结合柔韧的练习对提高肌肉质量最为有效,能达到力量和柔韧的同时增长,又能保证关节灵活性的稳固。

(五)注意外界温度与练习时间

外界温度过高或过低,都会影响肌肉的状态和伸展能力。在一般情况下,当外界温度在18摄氏度时最有利于柔韧素质的发展,肌肉在这个温度下的伸展能力最强,因此注意选择练习时的环境温度可以达到事半功倍的效果,促进柔韧素质的良好发展。温度过高,肌肉紧张或无力都会影响其伸展能力。一天之内在任何时间都可以进行柔韧性练习,但是早晨机体的柔韧性会明显降低,所以早晨可做一些强度不大的"拉韧带"的练习。同时需要注意,一天中的训练时间不可过长,否则容易造成身体疲劳。

(六)做好充分的准备活动和放松活动

在进行柔韧素质训练前,一定要做好充分的准备活动。实际上,参加任何运动训练前都要做好准备活动,有助于提高肌肉的温度,也就是所谓的热身,它可以有效降低肌肉内部的黏滞性。因此,在进行柔韧练习之前应该先通过适量的准备活动让体温逐步升高,这时候再进行柔韧训练可以防止肌肉拉伤。在训练的过程中,开始应该轻慢进行,然后逐步加大动作的速度、力量和幅度,每一步都不可用力过猛。此外,大学生在进行柔韧素质训练时应注意训练方法的科学性,注意保护肌肉不被拉伤。因此,充分的准备活动是预防拉伤的关键,能保持肌肉在安全的范围内做充分伸展和锻炼,运动后要做适当的放松活动,放松紧张的肌肉,减少内部的黏滞性。

除了在训练前做必要的准备活动外,还要在柔韧素质训练之后做适当的放松练习,可以帮助身体尽快得到恢复。放松练习应该针对柔韧训练的部位展开,并且是以练习的相反方向进行,使供血供能机能加强,这样有助于伸展肌群的放松和恢复。例如,压腿之后做几次屈膝练习,体前屈练习之后做挺腹、挺胯动作是有很好的针对性,下完腰后做几次体前屈或团身抱膝动作等。

(七)坚持按部就班、循序渐进地训练

要想促进柔韧素质水平的提升,就需要大学生坚持按部就班、循序渐进地参加训练。柔韧素质的发展和提高也就是肌肉、韧带等软组织的伸展，是需要符合人体生长变化的时间规律的，它是一个循序渐进的过程，所以要长时间地坚持训练才能达到最佳效果。在需要同伴协助完成被动性拉伸训练时，应该谨慎小心，避免用力不当而受伤，同时协助一方的用力也应该是循序渐进地增加用力。

（八）柔韧素质与其他素质相结合发展

为促进柔韧素质的有效发展，大学生可以结合柔韧性和协调性等一起训练发展，利用其相互促进的特性，促进这些体能素质的发展。例如，力量练习能发展肌肉的收缩能力，柔韧练习能发展肌肉的伸展能力，因此力量结合柔韧的练习对提高肌肉质量最为有效，加强柔韧素质与其他素质的结合是一种很好的提升大学生柔韧性的手段。

第二节　大学生柔韧素质训练的常用方法与手段

一、柔韧素质训练的方法

（一）颈部拉伸

（1）在椅子上坐好，背挺直，后脑勺、耳朵、肩膀位于一条垂直线上。

（2）一只手臂向斜前方伸展抓住异侧椅子前端。

（3）头轻轻地向左侧倾斜，还原并向右侧倾斜。

（4）持续练习1分钟。

（5）另一只手臂向斜前方伸展抓住椅子另一侧的前端，并按上述方法练习1分钟。

两侧交替练习。（图9-1）

（二）肩部拉伸

（1）侧对门框，两脚开立。

（2）伸展右臂，与腰齐高。

（3）右前臂转动至手指将门框边缘抓住。

（4）向左转体，持续拉伸1分钟。

（5）慢慢还原,放松。
（6）身体左侧侧对门框,伸展左臂,按上述方法练习。
两侧交替练习。(图 9-2)

图 9-1　颈部拉伸[①]　　　　　图 9-2　肩部拉伸[②]

（三）背部拉伸

1. 上背部拉伸

（1）在椅子上坐好,身体放松。
（2）一只手臂经体前搭在异侧肩上,另一侧手臂体前屈拉搭肩手臂的肘部,持续拉伸 1 分钟。
（3）换另一只手臂搭在异侧肩膀上,按上述方法练习,同样持续拉伸 1 分钟。
两侧交替练习。(图 9-3)
注意两脚在地上位置不变,背部始终处于挺直状态。

[①] Foran, Bill.高水平竞技体能训练[M].袁守龙,刘爱杰,译.北京：北京体育大学出版社,2006：189.
[②] 同上.

图 9-3　上背部拉伸[①]

2. 后背中部拉伸

（1）坐在垫子上，上体挺直，一腿贴地伸直，一腿屈膝交叉在伸直腿外侧。

（2）与伸直腿同侧手臂的肘放在屈膝腿膝盖上，另一侧手伸展支撑于地面。

（3）放在屈膝腿膝盖处的肘用力推屈膝腿，使上肢与屈膝腿分开一定距离，上体顺势向一侧扭转，持续拉伸 1 分钟。

（4）另一条腿屈膝，向另一侧扭转拉伸，方法同上。

两侧交替练习。

3. 下背部拉伸

（1）在垫子上仰卧，头放在枕头上。

（2）两腿向同一侧屈膝上抬靠近胸部，直至大小腿垂直。

（3）肩膀始终在地面上固定不动，保持拉伸姿势 1 分钟。

（4）两腿伸展放松，再次屈膝向另一侧拉伸。

两侧交替练习。

---

① Foran, Bill. 高水平竞技体能训练[M]. 袁守龙，刘爱杰，译. 北京：北京体育大学出版社，2006：190.

（四）大腿拉伸

1. 大腿前侧拉伸

（1）两脚开立，一侧腿屈膝下跪，保持膝关节弯曲 90 度，另一侧腿屈膝至大腿平行于地面，保持骨盆与髋处于平直状态。

（2）身体下压，前腿膝关节角度不变，髋关节异侧腿有明显的拉伸感。

（3）持续拉伸 1 分钟。

（4）下跪腿屈膝，大腿平行于地面，另一侧腿屈膝跪地，膝关节弯曲约 90 度，然后按同样的方法练习。

两腿交替练习。

注意上身始终挺直不动，不能前俯后仰。

2. 大腿后侧拉伸

（1）在垫子上仰卧，将枕头垫在头下，整个身体面向一道门。

（2）臀部完全在地上。

（3）一条腿举起放在墙上，充分拉伸，但不必一定要伸直，伸展到最大限度即可。

（4）另一腿伸向门柱，若有不适感，可将一个枕头或其他软物垫在膝关节下。

（5）持续拉伸 1 分钟。

（6）伸向门柱的腿蹬墙，蹬墙腿伸向门柱，继续按上述方法练习。

两腿交替练习。

3. 大腿中部拉伸

（1）背对着墙坐在垫子上，两脚脚外侧着地，脚底并在一起，双膝向下压，但不要勉强，使腹股沟部位有明显的拉伸感。

（2）背部保持挺直状态，不要塌腰。

（3）持续拉伸 1 分钟，然后放松 1 分钟。

重复练习。

4. 大腿侧面拉伸

（1）在垫子上仰卧,将枕头垫在头下。

（2）分开两腿,臀、盆骨完全着地。

（3）一条腿屈膝抬起,膝关节向腹部靠近,脚落在另一侧腿膝关节上方。

（4）抬起腿向异侧移动直至与身体基本垂直,臀部不离地。

（5）屈膝腿异侧手放在屈膝腿膝盖处轻轻拉伸,注意不能用蛮力强迫拉伸。

（6）持续1分钟,换另一侧腿按上述方法继续练习。

两腿交替练习。（图9-4）

图9-4 大腿侧面拉伸[1]

（五）小腿拉伸

1. 小腿前侧拉伸

（1）在椅子上坐好,一腿屈膝抬起放在支撑腿大腿上,脚踝位于支撑腿的膝盖外缘。

（2）支撑腿同侧手将屈膝腿脚尖外侧抓住,向同侧拉,使小腿有明显的拉伸感。

（3）持续拉伸1分钟。

---

[1] Foran, Bill.高水平竞技体能训练[M].袁守龙,刘爱杰,译.北京:北京体育大学出版社,2006:192.

（4）屈膝腿落地成为支撑腿，之前的支撑腿屈膝抬起放在另一侧腿的大腿上，按上述同样的方法进行练习，同样持续拉伸1分钟。

两腿交替练习。（图9-5）

图9-5 小腿前侧拉伸

2. 小腿后侧拉伸

（1）在椅子上坐好，两脚分开。

（2）将8～12厘米厚的书放在脚的正前方。

（3）左脚的脚掌踏在书上，脚跟着地。

（4）轻微拉伸小腿部位。

（5）持续1分钟。

（6）左脚落地，右脚脚掌放在书上，脚跟着地，轻微拉伸右腿小腿部位。

两侧交替练习。

(六)臀部拉伸

（1）在垫子上仰卧，整个身体面向墙，将枕头垫在头下。

（2）两脚分开，右侧腿抬起置于墙上，并屈膝至大小腿垂直。左侧腿举起放在右腿上，膝、踝关节超过右侧腿的膝盖。

（3）髋和骨盆始终在地上。体会臀部左侧的拉伸感。

（4）持续1分钟。

（5）左腿抬起放在墙上，右腿举起放在左腿上，按上述方法重复练习。

两腿交替练习。(图 9-6)

图 9-6　臀部拉伸

(七)肩关节柔韧训练

1. 向内拉肩

站姿,一侧手臂肘关节抬到齐肩高,屈肘与另一臂交叉。另一臂抬到齐肩高将对侧肘关节抓住,呼气,向后拉,保持片刻。(图 9-7)

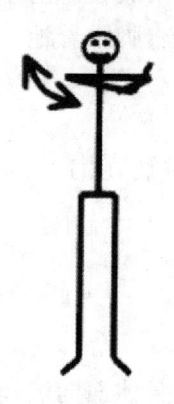

图 9-7　向内拉肩[①]

2. 助力顶肩

跪姿,双臂上举,双手交叉于身后的辅助者颈后。辅助者手扶在髋部触碰对方肩胛部位,后仰,用髋部向前上顶,保持片刻。(图 9-8)

① 张英波.现代体能训练方法[M].北京:北京体育大学出版社,2006:202.

第九章　大学生柔韧素质训练与提升

图 9-8　助力顶肩[1]

3. 背向拉肩

背对墙而立，双臂向后伸展扶墙。呼气，屈膝，重心下移，手臂和上体充分伸展，保持片刻。（图 9-9）

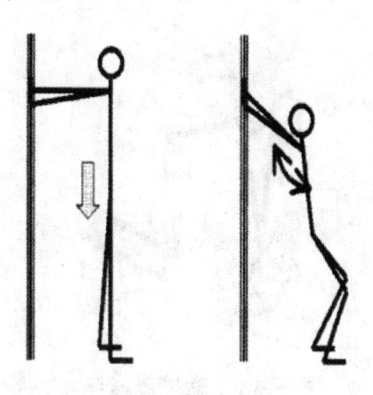

图 9-9　背向拉肩[2]

（八）腕关节柔韧训练

1. 向内旋腕

站立，双手合掌，手臂伸直。呼气，手腕内旋，双手分离。（图 9-10）

---

[1] 张英波．现代体能训练方法 [M]．北京：北京体育大学出版社，2006：203．
[2] 同上．

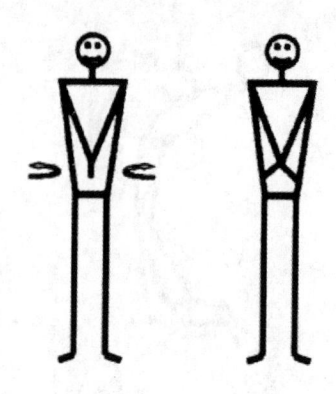

图 9-10　向内旋腕[1]

2. 跪撑侧压腕

跪姿撑地，手指指向体侧。呼气，重心缓慢向前后方向移动。（图 9-11）

图 9-11　跪撑侧压腕[2]

（九）髋关节柔韧训练

1. 身体扭转侧屈

站姿，左腿伸展，内收，在右腿前交叉。呼气，上体右侧屈，双手尽力触碰左脚跟，保持片刻。（图 9-12）

---

[1] 张英波. 现代体能训练方法 [M]. 北京：北京体育大学出版社，2006：204.
[2] 同上.

图 9-12　身体扭转侧屈[1]

2. 侧卧拉引

侧卧,双腿伸展。呼气,上面腿由体前向下方伸展,悬在空中,保持片刻。(图 9-13)两腿交替练习。

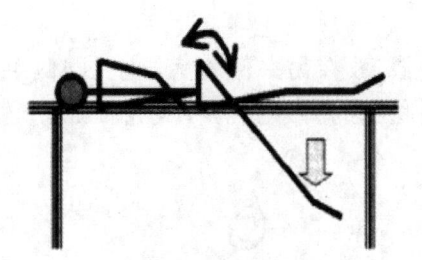

图 9-13　侧卧拉引[2]

3. 仰卧髋臀拉伸

仰卧,外侧腿从台子上向下移到悬垂空中。吸气,内侧腿屈膝,双手抱膝缓慢拉向胸部,保持片刻。(图 9-14)

图 9-14　仰卧髋臀拉伸

---

[1] 张英波. 现代体能训练方法[M]. 北京:北京体育大学出版社,2006:205.
[2] 同上.

（十）踝关节柔韧训练

1. 跪撑后坐

跪姿，双手撑地，双脚并拢，脚掌在地面支撑。呼气，臀部向后下方移，保持片刻。（图9-15）

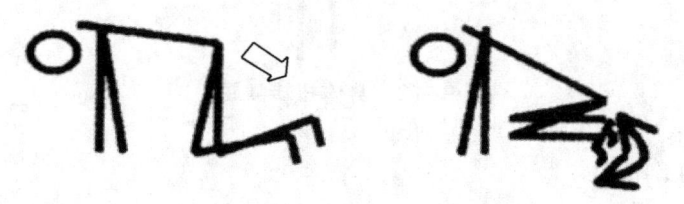

图 9-15　跪撑后坐

2. 踝关节向内拉伸

坐姿，一侧腿屈膝，放在另一侧腿大腿上，同侧手抓屈膝腿的踝关节上部，异侧手抓住屈膝腿的脚外侧。呼气，将踝关节外侧向内拉引，保持片刻。（图 9-16）

图 9-16　踝关节向内拉伸

二、柔韧素质训练的手段

发展柔韧素质的目的是提高跨过关节的肌肉、肌腱、韧带等软组织的伸展性。其伸展能力的提高主要是由于"力"的拉伸作用的结果。柔韧素质的练习方法主要有两种，即主动或被动形式的静力性拉伸法和主

第九章 大学生柔韧素质训练与提升

动或被动形式的动力性拉伸法,这两种练习方法的特点,都是在"力"的拉伸作用下,有节奏地逐渐加大动作幅度或多次重复同一动作,使软组织逐渐地或持续地受到被拉长的刺激。

(1)主动或被动的静力性拉伸方法。缓慢地将肌肉、肌腱、韧带拉伸到一定酸、胀、痛的感觉位置并略有超过,然后停留一定时间的练习方法。

这种方法可减少或消除超过关节伸展能力的危险性,防止拉伤。由于拉伸缓慢不会激发牵张反射。一般要求在酸、胀、痛的位置停留6~8秒,重复6~8次。

(2)主动或被动的动力性拉伸方法。有节奏的、速度较快的、幅度逐渐加大的多次重复一个动作的拉伸方法。

在运用该方法时用力不宜过猛,幅度一定要由小到大,先做几次小幅度的预备拉长,然后加大幅度,从而避免拉伤。每个练习重复5~10次(重复次数可根据专项技术需要而增加)。

主动的动力性拉伸方法是靠自己的力量拉伸,被动的动力性拉伸方法是靠同伴的帮助或负重借助外力的拉伸,但外力应与大学生被拉伸的可能伸展能力相适应。上述方法可单独采用,亦可混合运用,练习时间根据需要确定。

发展柔韧素质可采用的手段如下所述。

(1)在器械上的练习:利用肋木、平衡木、跳马、把杆、吊环、单杠等。

(2)利用轻器械的练习:利用木棍、绳、橡皮筋等。

(3)利用外部的阻力练习:同伴的助力、负重等。

(4)利用自身所给的助力或自身体重的练习:在压腿时双手用力压同时上体前压振,在吊环或单杠上做悬垂等。

(5)发展各关节柔韧所采用的动作:压、踢、摆、搬、劈、绕环、前屈、后仰、吊、转等。

第三节　提升大学生柔韧素质的专项运动训练

一、静态拉伸

武术运动对大学生的柔韧性提出了一定的要求,但并不是要求身体绝对的柔软,武术毕竟不是柔术。武术中强调的柔韧是指大学生的关节可以大幅度活动,而且活动中可以快速灵活地屈伸肌肉。武术套路对大学生柔韧性的要求主要体现在多个部位与关节上,如肩部、腰部、髋部、腿部以及膝关节、踝关节、腕关节等。

静态拉伸是指缓慢打开肌肉和软组织,肌肉拉伸到自己的最大限度时持续片刻,拉伸幅度要根据自己的实际情况而控制,不能用蛮劲拉伸,以免损坏肌肉。大学生通过静态拉伸练习可以很好地改善自己的柔韧性,静态拉伸练习要有规律,要有持久性,这样才能使关节活动更灵活,肌肉屈伸速度更快。

二、动态拉伸

动态拉伸练习的动作和静态拉伸练习的动作明显不同,动态拉伸的动作有明显的节奏性,肢体活动范围大,通过拉伸肌肉群来提升拉伸部位的柔韧性。这种拉伸练习法在武术套路练习中有很广泛的应用。

在武术套路训练的准备部分,通过踢腿、转体等方法来打开各个关节,身体肌肉温度在短时间内提高,肌肉黏滞性降低,从而为正式练习武术套路打好基础。动态拉伸能够活动身体各部位的肌肉群,使肌肉、韧带的活动更加快速而灵活,使大学生的力量、速度都有所提升,进而使大学生完成武术套路时的表现力更强。动态拉伸时,身体动作的活动范围较大,武术套路看起来会更有力量和活力,质量也会有效提升。

武术运动中燕式平衡是非常典型的动态拉伸训练方法,练习时,双臂在两侧平展,十指张开,身体前俯,右腿向后抬起,膝关节尽可能不要弯曲,左脚支撑身体重心,保持身体平衡,该练习能够促进髂腰肌、股四头肌、臀大肌的柔韧性的改善与发展。

动态拉伸练习是突然性的练习方法,大学生从静止的准备状态突然做大幅度的动作,容易损坏肌肉,引起肌肉疲劳,从而影响拉伸效果,这是动态拉伸的缺陷。

三、PNF 拉伸(本体感受神经肌肉伸展)

PNF 拉伸也是柔韧素质训练的重要方法之一,操作方法为先完成一次静态拉伸,然后进行等比强度的肌肉拉伸,使韧带延长,经过多次训练,稳步提升韧带的柔韧性。采用这种练习方法,不仅对发展柔韧性有帮助,还能治疗肌肉损伤,促进肌肉组织的恢复与再生。

在不同身体部位的柔韧素质训练中都可以采用 PNF 训练法。例如,大学生要有很好的腰功,采用 PNF 训练法提升腰部柔韧性时,专门的练习方式有左右涮腰、快速翻腰、同侧连续涮腰/翻腰、下桥、前手/后手翻下桥、左右仆步抢拍等,经过这些练习,大学生可以提高腰功,为进一步提升武术套路水平奠定基础。

第四节　大学生柔韧素质趣味训练

一、障碍接力

练习目标:
促进灵巧性、协调性、柔韧性、跳跃能力、速度耐力的发展,培养敢于拼搏的精神。

练习准备:
平坦场地,20 个小栏架,2 个呼啦圈,2 块海绵垫。

练习方法:
将小栏架摆放成两列,间距适宜,每列 10 个。最后一个栏架前均放一个呼啦圈,与呼啦圈间隔 5 米的位置各放一块海绵垫。

把练习者均分为两组,各组在起始线后各自面向一列栏架成纵队队形站好,听到开始口令后,各组排头双腿连续跳过 10 个栏架,跑到呼啦圈处连续转10圈,再跑到海绵垫上做前滚翻,最后从外侧返回起点与第二人击掌,第二人按同样的方法游戏,直至所有练习者都完成游戏。最先完成的一组取胜。

练习规则:

(1)每个练习者要按技术动作要求完成每个环节,否则从头开始。

(2)双腿同时跳跃栏架,不能绕过去。

(3)后面的练习者要与返回的练习者击掌后才能出发,不能提前起动。

二、连续抛球

练习目标:

发展力量、耐力、灵巧、柔韧等素质,提高全身协调能力。

练习准备:

田径场地上画15米长的抛球线,距抛球线10米再画一条及格线。在抛球线内侧放置若干软式排球。

练习方法:

(1)把练习者分成人数相等的2～4组,各组练习者以横队站于抛球线后。

(2)第一组先开始,面向场地,各持一球,听到开始口令后第一位队员双手向前抛出球,待球静止后,第二位队员开始抛球,以此类推,直至所有队员都抛出球。

(3)其他组按同样的方法进行练习。

(4)记录各组及格球的总数,及格球最多的一组获胜。(图9-17)

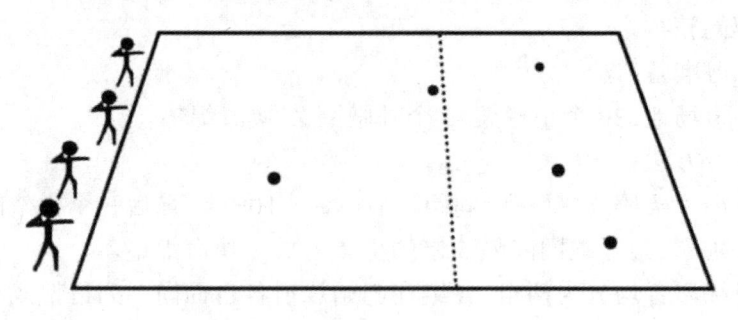

图9-17 连续抛球

练习规则：

（1）限双手抛球。

（3）抛球时脚踏线犯规。

（3）不得助跑。

第十章 大学生灵敏与协调素质训练与提升

灵敏与协调素质的提升不是容易的,需要大学生坚持不懈地努力与锻炼。当然,这两项素质的提升也存在一定的规律与技巧,如果大学生可以对这些规律与技巧充分把握,那么将有助于大学生灵敏与协调素质的快速提升。本章就针对这方面内容展开研究与分析。

第一节 灵敏与协调素质概述

一、灵敏素质基本理论

(一)灵敏素质的概念

灵敏素质是指人体所表现出的协调、快速、准确等方面的能力,作为一名专业的大学生,必须要具备基本的灵敏素质,这对于其竞技能力的提升具有重要的意义。灵敏素质可以说是人体体能素质的重要组成部分,它是在力量、速度、柔韧、耐力、节奏感、协调性等多种素质和技能的基础上建立和发展起来的。

灵敏素质水平的高低可以通过多种形式表示,如通过熟练的动作,通过快速动作、维持平衡以及随机应变能力;通过自如地操控自己身体的能力等表示。

第十章 大学生灵敏与协调素质训练与提升

（二）灵敏素质训练要点

1. 训练方法经常改变

灵敏素质也是体能素质的重要组成部分，在培养与提高灵敏素质的过程中，尤其要注意发展各种分析器和运动器官机能。此外，大学生对动作的熟练程度也非常关键，如果对某一动作技能熟练到自动化程度，再用该动作去发展灵敏素质的意义就不太大了。因此，发展灵敏素质训练的方法应采用多种动作，并且经常变换。这样大学生在掌握多种多样的运动技能的同时，还可以提高人体各种分析器的功能，使大学生在体能训练中能够表现出准确定向和定时的能力。

2. 掌握部分基本动作

体能训练中运动技能的本质是条件反射，在大脑皮层中建立的条件反射的数量越多，临场时的反应就越迅速准确。大学生在掌握运动技能的基础上，可以快速形成新的应答性动作来应付突然发生的情况。尤其是大学生在发展自身灵敏素质时，要在掌握基本动作技能的基础上去发展，否则就容易导致运动损伤。

3. 把握训练最佳时期

灵敏素质是在中枢神经系统的指挥下运用各种能力的综合表现。人体的神经系统发育期较早，一般在青年时期发育成熟。其中反应能力、动作速度、平衡能力和节奏感等都为发展灵敏素质提供了有利的条件。因此，大学生灵敏素质的训练一定要把握好这一时期，要采取有效的手段对大学生施以良好的刺激，促进大学生灵敏素质的提升。

4. 训练时间要适当

在进行灵敏素质训练时，还要结合运动项目的特点及大学生的具体实际合理安排训练的时间，训练时间不易过长，重复次数不宜过多。特别是在肌体疲劳时不宜安排灵敏素质训练，应该结合考虑大学生的体能、情绪和时间等不同因素来安排训练，且要考虑不同训练过程的特点来安排灵敏素质的训练。比如，临近比赛的时候，应该提高技术训练和协调能力训练的比重；准备期以一般灵敏素质训练为主，比赛期以专项灵敏性训练为主。只有做到合理的安排才能取得理想的灵敏素质训练的效果,否则会适得其反。

5.训练间歇时间一定要充足

在进行灵敏素质训练时,大学生还要保证充分的训练间歇时间。足够的间歇时间可以保证氧债的偿还和肌肉中ATP能量物质的合成。但休息时间也不是越长越好,因为休息时间过长会使中枢神经系统的兴奋性大幅度下降,而影响训练中运动器官的指挥能力,使动作协调性下降,速度减慢,反应迟钝,这必然会影响训练效果。一般来说,训练时间和休息时间的比例可控制为3∶1为宜,当然每一名大学生的情况都是不同的,针对不同的大学生可以做适当的调整。

二、协调素质基本理论

(一)协调素质的基本含义

协调是指人体产生准确、平滑、有控制的运动能力。协调运动的产生需要有功能完整的深感觉、前庭、小脑和锥体外系的参与,其中小脑对协调运动起着重要作用,每当大脑皮质发出随意运动的命令时,小脑便产生了制动作用。协调素质训练是指在各种复杂变化的条件下大学生能够迅速、敏捷、协调地完成各种复杂动作的能力。协调素质是其他各种运动素质的综合表现,它主要表现在反应、起动、变换方向的速度上,并能更快、更有效地提高大学生的综合反应能力。协调素质对于赛场上的表现十分重要,可以更好地帮助大学生在复杂多变的环境中运用技战术,最终赢得比赛。

协调性指的是大学生身体各部位的肌肉、关节在神经系统的控制下做出及时、准确、合理的力量、速度反应,完成运动项目的要求。协调性越强,大学生整合爆发力、平衡力、柔韧性等的能力也就越高。所以,协调性是非常重要的素质能力,协调性一般分为整体协调性和具体协调性。

第十章　大学生灵敏与协调素质训练与提升

（二）影响协调素质的因素

1. 遗传因素

遗传因素对机体的协调性存在很强的决定作用。有些大学生天生具有优秀的协调素质，这也就是通常所说的有天赋，但是协调性是可以通过后天的努力训练得到提升的，特别是通过专业的、有针对性的训练方法，是可以弥补先天的能力不足的。

2. 心理定力

协调性的发挥除了要求身体的配合程度、对动作的纯熟度以外，还与发力时机有极大的关联。它需要大学生绝对的冷静，具有极强的定力，能够在异常紧张的比赛中做出最恰当的判断和动作完成。这种冷静的能力就需要大学生有过硬的心理素质以及良好的训练。因此，我们常常会看到"急性子"和"慢性子"这种性格差异会在协调性的发挥方面有不同的效果。

3. 平衡能力

协调性的发挥需要建立在良好的平衡能力的基础之上，一个平衡能力很差的大学生是不可能具有良好的协调性的。因此，协调性的训练也要结合平衡能力训练一起进行。一定的平衡能力可以辅助协调性的提高。

4. 柔韧性因素

机体的很多素质是相互影响、相互促进、相互制约的。比如，柔韧性的好坏与否将影响协调性的发挥。有些大学生柔韧性不佳，关节活动范围较小，故在一些技术动作的执行上就会有局限性，身体不能充分地伸展，就会导致协调性的下降。

5. 技术动作的娴熟度

技术动作的娴熟程度也是决定协调性高低的关键因素。协调性是一个太复杂、太多样化的素质能力，如篮球或足球比赛中几乎每一个动作所对应的技术特点都不同，要求的协调性也不同，有时甚至大相径庭。在某一个技术动作中使用的协调性很难直接照搬到其他动作上。

因此,协调性是所有身体素质训练中难度最大的。优秀的协调能力不仅需要较强的力量和神经系统的控制能力,还需要娴熟地具备许多专项技术能力。然而,这些技术能力并非那么容易习得,这是一个复杂的能力养成过程。

6. 力量因素

力量因素也是制约协调性发展的重要因素。很多时候尽管大量地做协调性训练,但是一直都进步很慢,收效甚微,究其原因往往和忽略了力量训练有关。协调性可以让技术动作完成得更高效,并且对时机选择、力量把握、对抗因素等都需要同时考虑到,而且是尽可能地整体达到最高水平。这其中力量因素是一个非常重要的支持因素,除了选择时机、做出决断这些更多地存在于神经系统层面的工作,娴熟的技术能力和力量水平是协调性完美表现的保障。

7. 耐力因素

在时间较长、对抗性较强的环境中,力量耐力和速度耐力较差也会影响协调性的提高和发展。耐力薄弱的问题就会变得更加明显。比如,大学生会因为力量耐力和速度耐力的不足,导致在力量上和速度上无法保持动作的完成度,结果动作效果差、动作力度不够等都是耐力薄弱的现象。也就是说,良好的协调性意味着需要在长时间、高强度的比赛中能够持续发挥,如果耐力不够,协调性将成为无米之炊、无源之水。

(三)协调素质训练的基本原则

(1)由易到难原则:每一个动作的练习都需要按照由简单到复杂的顺序进行。

(2)重复性训练:每个动作都需要重复练习,在重复练习中才能起到强化的效果,因此要持之以恒地锻炼才有效果。

(3)针对性训练:协调素质是相对比较复杂、比较不容易见到训练效果的,因此需要进行针对性的训练,提高训练效率。

(4)反向训练原则:这里说的反向训练是针对竞技项目中具体的技术动作,如篮球训练中的运球能力,如做前进运球训练和后退运球训练对于控球能力的增加、协调性的提高有着极高价值。当机体已经适应了一种方向的发力方式后,可以进行完全相反的训练,对提高协调能力很有帮助。

（5）配合训练原则：协调性的训练意味着两个系统、两个部位、两个肌群之间的协同工作的练习。因此，要注意配合训练。

（6）变换原则：用不同的要求做同一动作，如轻重球、快慢交替等。

（7）增加难度原则：跑跨高低栏，球类的以少打多、从大场地变为小场地对抗等。

（8）非常规动作：在特殊场地运动，反向完成动作等，如沙地跑、跳等。

（9）综合性训练原则：协调性训练需要和其他素质训练相结合，如改善肌力、耐力以及平衡能力的训练等。

（四）协调素质训练的注意事项

1. 循序渐进地进行

协调能力的提高需要一个比较难的练习过程，因为它受到技术娴熟度、力量、耐力、神经系统作用等多方面的影响，而且针对同一个技术动作的协调能力会根据临场情况的不同而不同，因此切不可急于求成，应该耐心地、逐步增加难度地、有针对性地进行训练。

2. 需要结合其他素质

平衡素质、柔韧素质和协调素质三者是相辅相成的，单独训练协调素质只适合比较初级的水平。若要提高协调素质需要借助柔韧和平衡方面的辅助训练，会得到较好的提高。

3. 提高动作的完成度

有时候动作的完成度是限制协调性提高的关键。因此，如果想提高协调性，一定要注意技术动作的专项训练，不厌其烦地将动作反复进行练习是提高技术能力和协调能力的最简单有效的方法。动作的技术娴熟度越高，协调性就越强，但这是针对具体动作的协调性，不是整体协调性。

4. 明确训练目的

这里强调的是要明确专项动作的协调性与整体协调性的区别，而且不同专项的协调性之间也有很大的差别。专项协调性好也不代表整体协调性就强，如一个协调性非常优秀的短跑大学生做篮球运动时，可能会出现极其不协调的现象。因此，训练的时候要明确训练目标，明确专项动作的协调需要是什么，这是训练的前提。

5. 系统性提高需要优秀的爆发力

作为难度最大的训练，如果想系统性地提高协调性，必须首先确保充分进行了爆发力的训练，之后才可以开始系统地进行。如果在爆发力训练尚未牢固之前盲目地开始系统的协调性训练，会为训练带来极大的难度，可能还会感受到挫败感，而且这样的训练是非常低效的。

6. 注意训练的次序安排

协调性训练的次序安排很重要，如前面提到的反向训练、提高训练难度等诀窍，使用它们的前提是必须做好最基础的训练。协调性作为一个很难训练的素质，特别需要完成基础训练之后，才能真正地提高协调性。比如，像正向前进运球这样的基础动作还不能达到良好的协调性，就去练习反向运球，属于揠苗助长，最后什么技术能力都掌握不好。因此，要记住协调性是在基础能力过关之后才可能做好的一种相对较难的素质。

第二节 大学生灵敏与协调素质训练的常用方法与手段

一、大学生灵敏素质训练的手段与方法

（一）双腿侧向跳

（1）练习方法（图10-1）
①大学生站在标志区左侧做好准备，等待教练员的开始口令。
②双腿蹬伸跳向标志区的另一侧，要确保跳过标志区。
③着地后快速跳回原来的位置。
④连续快速练习5～10次。

第十章 大学生灵敏与协调素质训练与提升

（2）提高性练习

选择在 9 米长、1 米宽的标志区内练习。

①从一侧开始,以之字形(对角)单足跳过标志区的长度,两边交替进行。

②仅用单腿做单足跳的练习,反复多次练习。

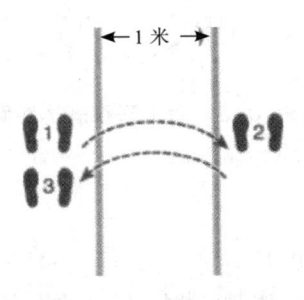

图 10-1 双腿侧向跳

（二）"十"字跳跃

图 10-2 "十"字跳跃

动作要点：

按照地面上预先贴好或画好的数字依次跳跃,跳的时候不能跳错顺序,不能踩线。（图 10-2）

双脚同时落地,脚前掌着地。

测试一般为计时连续跳 10 圈,练习可根据实际情况安排。

（三）六边形跳跃

（1）练习方法（图 10-3）

①在场地内标出六边形,边长可以根据实际合理地确定。

②大学生站在六边形的中心,面对指定方向。

③双脚跳出六边形的每边。先后进行顺时针和逆时针跳跃,教练员在一旁做好计时工作。

（2）提高性练习

①提高练习的难度,在六边形内进行单足跳的练习。

②改变六边形边长进行练习。

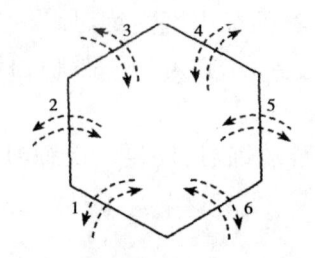

图 10-3　六边形跳跃形跳跃

(四)18 米往返跑

(1)练习方法(图 10-4)
①大学生两腿成开立姿势,做好充分的准备,听口令跨过起始线。
②大学生向右转身,快跑并用右手触摸 4.5 米远的一条线。
③大学生转回左边,跑过 9 米距离并用左手触摸远处线。
④大学生转回右边,跑过 4.5 米距离,穿过起始线完成练习。
(2)提高性练习
①增加练习的距离,如 18 米的组合练习。
②在相同的距离内用单腿完成快跳、舞步等各种形式的练习。

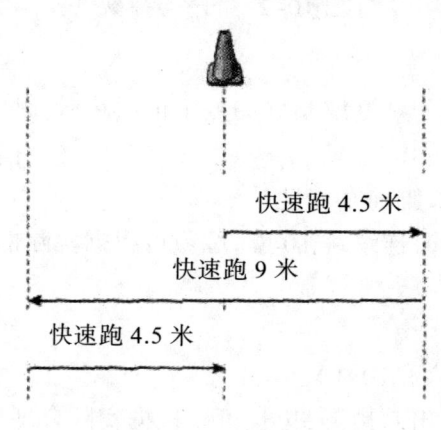

图 10-4　18 米往返跑

(五)8 字形跑

(1)练习方法(图 10-5)
①在平整的场地上放置两个间距为 4.5～9 米的扁平锥桶。

第十章　大学生灵敏与协调素质训练与提升

②大学生做好准备,两腿成开立姿势。
③大学生听口令在两锥桶间做8字形跑,转弯时用手心碰触每一个锥桶。
(2)提高性练习
①结合大学生的练习实际和身体情况适当改变锥桶之间的距离。
②适当增加运动中的难度,如改变转弯时的半径。
③大学生做出不同准备姿势的练习,如采用坐式、蹲踞式等准备姿势。
反复进行练习。

图 10-5　8字形跑

(六)蛇形跳

(1)练习方法(图10-6)
①大学生做好准备,两腿成开立姿势。
②进行一系列的直角转弯跳,并保持两脚一起跳。
③跳跃前进方向如图10-6所示:正前方、右方、正前方、左方、正前方等。
④跳起时必须转髋。
(2)提高性练习
①变换各种准备姿势。
②变换前进的方向。

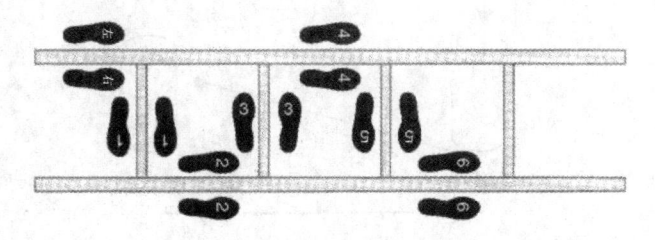

图 10-6　蛇形跳

(七)"T"形跑

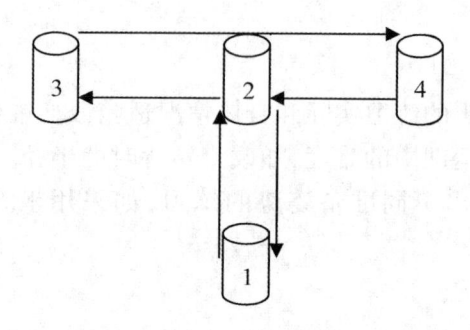

图 10-7 "T"形跑

练习要点:

利用 4 个标志物如图 10-7 摆放,间隔 5 米。练习者从 1 号出发,触摸 2 号,左侧向滑步触摸 3 号,右侧向滑步触摸 4 号,左滑步触摸 2 号,倒退跑回 1 号。

动作敏捷;起动、急停迅速;重心不宜过高;后退跑时注意观察身后,保证安全。

(八)"L"形冲刺跑

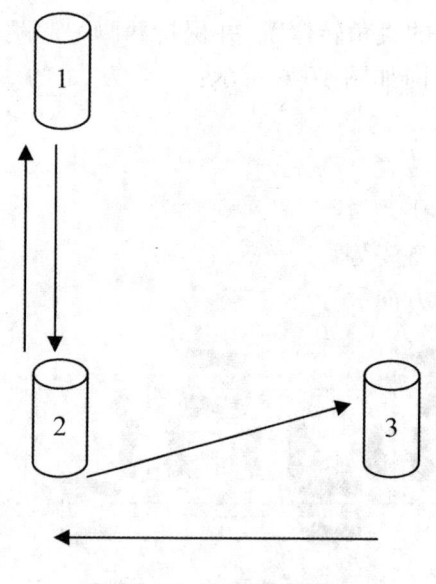

图 10-8 "L"形冲刺跑

练习要点：

利用3个标志物如图10-8摆放，1、2号，2、3号标志物间隔3米。练习者从1号出发，跑到并绕过2号，跑到3号并绕过，再跑回2号，绕过2号，跑回1号。

动作敏捷；起动、急停、变向迅速，重心不宜过高。

（九）方形前进后退+交叉步跑

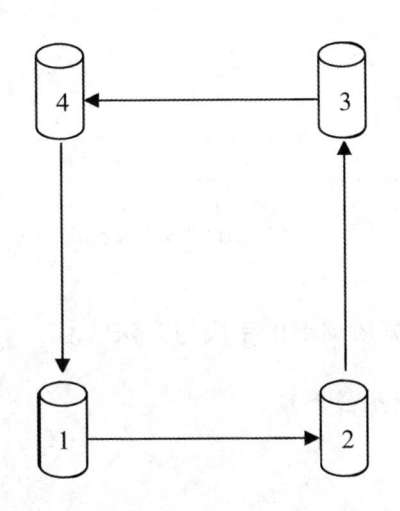

图10-9 方形前进后退+交叉步跑

练习要点：

利用4个标志物如图10-9摆放，间隔4米。练习者从1号出发，交叉步跑到并绕过2号，向前跑到3号并绕过，交叉步跑到4号并绕过，后退跑回1号。

动作敏捷；起动、急停、变向迅速，绕标志物尽可能以最小半径完成，重心不宜过高。

（十）"M"形跑

练习要点：

利用5个标志物如图10-10摆放，间隔4米。练习者从1号出发，跑到2号并绕过，后退跑到3号并绕过，跑到4号并绕过，后退跑到5号，绕过左转向前跑回1号。

动作敏捷；起动、急停、变向迅速，绕标志物尽可能以最小半径完成,重心不宜过高。

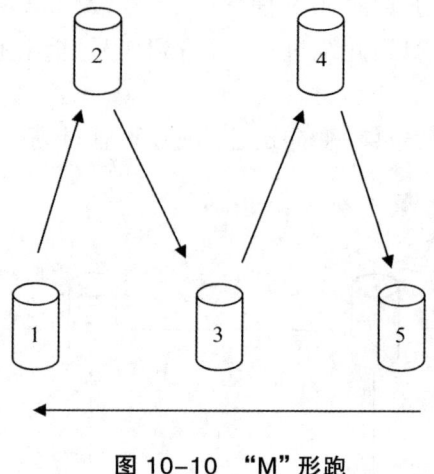

图 10-10 "M"形跑

二、大学生协调素质训练的手段与方法

(一)协调素质训练的手段

1. 上肢协调

一臂直臂向前、向下、向后、向上画圆摆动,同时另一臂向后、向下、向前、向上画圆摆动,均以肩关节为轴。依次进行。

2. 下肢协调

(1)原地拍击脚背

使用左手在体前拍击左侧脚的脚背内侧,右手在体后拍击右侧脚的脚背外侧,动作要保持连贯,循环往复。

(2)转向跳

双脚并拢向上跳,跳起后转向180度着地。身体与双手要维持平衡。可以分别练习向左转跳与向右转跳。

(3)变向跑

听哨声执行动作。比如,一声哨子做向前5米的冲刺跑,紧接着再后退3米;二声哨子做向左冲刺跑5米后向右冲刺跑3米的练习。

3. 整体协调

（1）侧向交叉步

需要肩、胸、腰、髋关节的协调参与。重点要锻炼腰部和髋关节。

手臂平举于身侧自然伸展，保持身体平衡，侧向移动时速度不要过快，确保每一个动作完整、到位。

（2）镜式练习

如果你习惯了使用右手(脚)发力，那么改用左手(脚)投球、扔铁饼、起步。以镜像动作完成全套练习。

（3）使用不习惯的起始位置

背对跳跃方向完成跳高或跳深。

（4）改变战术条件

使用不同的战术相互作用或对抗作用一起完成，或者与不同级别的对手或同伴完成任务。

（二）协调素质训练的方法

1. 锥形轮子

练习方法：

（1）将若干锥形圆圈(半径3～5米)竖立在地上，保持适宜间距。

（2）从一个锥形物出发向另一个锥形物跑进，每通过一个锥形物时完成一个专项运动技术，将专项技能与跑的练习结合起来。

变换练习：

（1）增加阻力或提供辅助进行变换练习，同时穿插变化的专项技能，提高练习级别和难度。

（2）将一个滚动球放在练习区域，通过每个锥形物时要绕开球，不能碰到球也不能被撞到。

2. 一个接一个的活动

练习方法：

（1）选择一个运动场地，场地大小规格依据练习者的运动水平而定，水平越高，场地越大。场地上摆放一排箱子。

（2）练习者分两排站在箱子两侧，面对面，其中一排是主要练习者，另一排负责干扰。

（3）负责干扰的队员向练习者扔沙包等物体，主要练习者面对正对面队员的干扰，要迅速移动闪躲，躲开干扰，闪躲过程中还要保持身体平衡，防止摔倒。

（4）一旦练习者被击中，就与干扰者互换角色。

变换练习：

练习者在闪躲过程中采用不同的躲避方式，并完成指定的动作，成功躲避后要及时减速。

3. 扔球

练习方法：

（1）练习者站在球上保持平衡，同伴手持球，距离练习者4米左右，两人面对面。

（2）同伴松手扔球的瞬间，练习者以最大速度向球的方向冲刺，注意通过摆臂来提速。尽可能在球第一次落地反弹后将球接住。

（3）每成功接球一次，练习者与同伴的距离就增加1米，以不断提升练习难度。

变换练习：

（1）练习者与同伴站成一排或背对背站立，同伴扔球后，练习者快速转身接球。但同伴松手后要发出信号，使练习者迅速做出反应。

（2）练习者在急速跑动接球或转身接球时可以将一些起动姿势加入其中，或者加入超等长练习。

（3）多球练习，使练习者连续跑动接球。

4. 袋鼠跳

将练习者分成人数相等的两队，两队间隔一定距离成纵队站在起点线后。游戏开始，每队第一人听教练员信号，迅速跳进麻袋，双手提着麻袋口，双脚跳跃，过折返线后钻出麻袋，提着麻袋跑回，交给第二人。第二人继续练习，以此类推，两组最后一人跑回起点线则结束游戏，先完成的队获胜。（图10-11）

第十章 大学生灵敏与协调素质训练与提升

图 10-11 袋鼠跳[1]

5. 跳长绳

将练习者分成两组,每组先选出两人摇绳,其他人陆续全部进入绳中连续跳绳,跳绳停摇为一局,每局进入跳绳人数多的一方或队员全部进入后跳绳次数多的一队获胜。(图 10-12)

图 10-12 跳长绳

6. 一加一投篮比赛

将练习者分成人数相等的两队,各成一路纵队分别站在两个半场的罚球线后,排头手持篮球,投中可再投一次;如第一次未投中不可再投。排头投篮后传给第二人,自己站到队伍最后,以此类推,直至全队完成投篮,累计投中次数多的一队获胜。(图 10-13)

---

[1] 李明强,敖运忠,张昌来.中外体育游戏[M].北京:人民体育出版社,1999:206.

图 10-13　一加一投篮比赛

7. 空中接球

把练习者分成人数相等的两队，各自选定起跑点，做好标志，各成一路纵队排在助跑道两边。游戏开始，各队第一人自起跑标志加速助跑踏跳成腾空步，在空中接住来球，落地后再将球回传，其他队员依次进行。在空中接住球得 1 分，累计总分多的一队获胜。（图 10-14）

图 10-14　空中接球

8. 发球得分

将练习者分成人数相同的两组，其中一组所有人站在本方场地端线后，每人各持一球，另一组在场外拾球。持球组排头正面上手发球，向对方号码区击球，球落到几号区得几分，依次进行。两组轮换练习。累计分数多的一组获胜。（图 10-15）

图 10-15 发球得分

第三节　提升大学生灵敏与协调素质的专项运动训练

一、羽毛球灵敏素质训练与提升

(一)发球技术练习

(1)徒手进行分解和完整的挥拍练习。练习时,可用网球拍代替羽毛球拍,这样做的目的是在练习动作的同时还可以增强手臂力量。

(2)反复做发球动作练习,用心体会球与球拍的接触点。

(3)在对方的场区划定一块区域,练习将球发入区域内,随着练习技术的提高,区域逐渐缩小,以提高发球的准确性。

(4)在练习发网前球时,安排另一球员在对方场区做扑球练习,这样可以提高发球质量。

(二)正、反手搓球练习

根据来球的路线与落点快速移动到击球位置。侧身对网,重心在右脚。击球时,以肘关节为轴,前臂外旋,腕部由展腕至收腕"抖动",加快挥拍速度,体现"搓切"的动作,击球的右下底部,使球翻滚过网,击球后还原成准备姿势。练习动作如下。

(1)原地搓小球挥拍练习:每组做 10～15 次,练习 2～5 组。

(2)跨步击球练习:每组做 10～15 次,练习 2～5 组。练习的重点是熟悉和巩固正确的击球动作,掌握移动击球的衔接,加快挥拍的速度。

（3）多球练习：两人一组，一人站在网前抛网前球，一人练习搓球。每组 20 次，做 3 组。目的是提高原地搓球的稳定性，注意摩擦球托是在击球的瞬间。

（4）定点对搓练习：类似多球练习的方法，区别是练习者搓球后要回中，然后反复做上网搓球。目的是继续稳定动作使之定型，提高移动击球的能力。

（5）不定点搓球练习：两人一组，一人站在网前的中间位置，向练习者的网前两点随机抛球，练习者上网搓球然后回中。反复练习，重点练习快速上网搓球和快速退回中场的能力。两人交换练习。

（三）反手勾球练习

（1）挥拍练习

结合正手勾球进行挥拍练习，熟悉手腕以及肘部动作的配合。练习主要是做正反手挥拍，各 20 次，练习 3 组。

（2）多球勾球练习

原地做多球勾球练习可以提高对拍面的控制能力以及对力度的控制能力。练习方法是正反手各进行 30 次，每次练习 3 组。

（四）勾、放结合练习

勾球和放球都是前场技术，但引拍和击球的动作不同，通过交替练习可以提高手腕的灵活性，增强网前技术的快速变化。每组 20 次，练习 3 组。

（五）反手吊球练习方法

1. 动作要点

反手吊球准备动作与反手击高远球相同，只是在击球时握拍的方法和拍面的掌握以及力量的大小有所区别。吊直线球时，是用球拍反面切削球托的后中部，落点在对方场区前发球线附近。吊斜线球是用球拍反面切削球托的左侧部将球击出，落点在对方左场区前发球线附近。

第十章　大学生灵敏与协调素质训练与提升

2. 练习方法

（1）首先反复练习徒手挥拍动作。
（2）原地向上击球，做吊球练习。
（3）两人一组练习，一人隔网发高远球，一人将球吊回对方场区。
（4）两人一组练习，一人练习吊球，一人将球挑至对方场区。

二、武术协调素质训练与提升

（一）强化身体素质

科学锻炼身体素质，不断优化肌肉构造，可以促进肌肉协调性能的提升，因而在武术训练中应该重视身体素质的锻炼与强化，每周安排一两次体能强化课，课中尽量设置和武术相关的训练内容和方法。武术中的起伏转折、蹿蹦跳跃等动作对大学生的身体协调性能提出了较高的要求，因而要根据专项之需来强化身体素质，通过双脚跳、前后左右单脚跳等训练手段促进武术大学生身体协调性能和肌肉协调性的发展。同时，可以通过超套路的训练方法来强化大学生的身体素质，通过一系列条件反射优化大学生的协调性能。可以从与武术相关的运动类型中提炼丰富的条件反射训练内容，这不仅提升了武术大学生的协调能力，也为武术套路训练注入了新鲜血液。

（二）加强基本功练习

武术大学生协调能力的培养应建立在坚实的基本功底上。为有效提升武术大学生的协调能力，必须将基本功训练放在首位，有序开展基本功及基础动作训练，使大学生将基础动作了然于心、幻化于形，高标准、高效率地掌握基础动作，并能够将其组合串联，最终展示出娴熟的、高超的、有力的、连贯的武术套路。

第四节　大学生灵敏与协调素质趣味训练

一、抢球大战

练习目标：
发展应变能力、灵敏协调素质，提高速度耐力。
练习准备：
边长10米的正方形场地，9个排球（放在场地中心）。
练习方法：
（1）把练习者均分为4组，每组按顺序排号，分别在正方形场地的4个角排成纵队。
（2）各组1号队员两脚前后开立，听到开始口令后1号队员跑向场地中间去拿球，持球返回原位，把球放在自己场地上，然后再去拿球。
（3）如果场地中间没有球了，可以去其他组去拿球，每次只能拿一个，再返回放到场地角上，直到某一组的场地角上出现三个球为止。
（4）然后将球都放到场地中心，各组2号队员再进行抢球，依此类推，直到所有练习者都完成游戏，最后取得3个球次数最多的一组获胜。
练习规则：
（1）练习者每次只允许拿一个球。
（2）只能拿球和放球，不能抛球、踢球。
（3）练习过程中不可干扰和碰撞其他练习者。

二、时代列车

练习目标：
发展灵巧性和身体配合能力，培养团结协作的优良品质。
练习准备：
平整场地，报纸，胶水。
练习方法：

（1）在平地上标记出30米的距离。用报纸粘连制造4列"时代列车"，平行放在起点线后。

（2）将练习者均分为4组，每组至少10人，各组蹲或站在"时代列车"内。

（3）听到"开始"口令后"时代列车"的每一位"乘客"通过手脚集体配合让"列车"前进，最先通过终点线的队伍获胜。

练习规则：

（1）不得抢先移动。

（2）每一位"乘客"的任何部位不得触及"列车"外的地面，否则重新开始。

（3）中途如"列车"断开必须原地修好后才能继续前进。

（4）必须最后一名"乘客"通过终点线才算完成比赛。

三、千辛万苦过栏架

练习目标：

增强身体协调性，提高身体素质水平，培养拼搏、自信的精神。

练习准备：

平整场地，若干栏架。

练习方法：

（1）在场地上摆放两组栏架，每组栏架间距1~1.5米，距离第一个栏架3米处画一条起点线。

（2）将练习者平均分成2组，各组成纵队站在起点线后，听到"准备"口令后，排头走到栏架前做好准备。

（3）听到"开始"口令后排头采用跨栏跑的方式跨过第1、2个栏架，然后倒回第2个栏架，再跨过第2、3个栏架，然后再倒回第3个栏架，以同样的方法越过所有栏架，然后从一侧跑回起点与下一名队员击掌，下一名队员按同样的方法越过全部栏架，再跑回，直至所有队员都完成游戏，用时最少的队伍获胜。

练习规则：

（1）不得抢跑。

（2）必须按规定方法越过栏架，否则重新开始。

（3）中途碰倒栏架必须扶起后再继续前进。

四、翻山越岭

练习目标：

提升手脚配合能力，改善力量素质和身体协调能力，培养拼搏精神。

练习准备：

平整场地，海绵垫，跳箱，标志杆，栏架。

练习方法：

（1）在平地上标出 1 个 30 米长的场地，摆放两排障碍，距起点 5 米处摆放两块纵向的练习垫，练习垫后 1 米摆放高 1.2 米的跳箱，跳箱后放 1 块海绵垫，垫后 5 米放置一栏架，终点线上放置标志杆。

（2）将练习者均分为 2 组，各组在起点线后排成纵队，分别面向一排障碍。

（3）听到开始口令后，各组排头迅速向前跑进，以前滚翻的方式滚过练习垫，到达跳箱时爬过跳箱，再用后滚翻方式钻过栏架，跑到终点后触摸标志杆并快速返回起点与下一名练习者击掌交接。

（4）后面的练习者击掌后按同样的方法进行游戏，直至所有练习者都完成游戏。

（5）用时少的一组获胜。

练习规则：

（1）不得抢跑。

（2）必须按动作要求经过每个障碍物。

五、神行太保

练习目标：

促进跑跳能力、耐力素质及协调素质的改善。

练习准备：

平坦场地，栏架 4 个、跳绳 2 根、标志杆 6 个。

练习方法：

（1）画三条长 25 米的平行线（一条中线，两条边线）构成两条跑道，每条跑道各放置 3 根标志杆，间隔 2 米，距离边线 10 米。在靠近终点线

第十章　大学生灵敏与协调素质训练与提升

一侧的标志杆前 3 米放置一个栏架,间隔 5 米再放一个栏架,每条跑道都有两个栏架。

(2)将练习者均分为 2 队,分别排成一列纵队站在各自跑道的起跑线后。排头持跳绳做好游戏准备。

(3)教练员吹哨以示开始,排头跳绳前进,到达标志杆后将跳绳收起,蛇形绕过标志杆,再依次从两个栏架上跨过,继续跳绳前进,到达终点后再返回,同样跨过栏架,蛇形绕过标志杆,回到起点,将跳绳交给第二名队员。后面的队员按同样的方法跳绳前进。依次进行,直至两队所有练习者都参与游戏,完成任务。用时最短的一队获胜。

练习规则:

(1)必须在起跑线外交接跳绳。

(2)绕过标志物和跨过栏架时若将标志物或栏架碰倒,需扶起后继续游戏。

参考文献

[1] 柯林斯,保罗. 速度制胜：达到运动巅峰的100个速度训练 [M]. 刘建桥,赵超越,译. 北京：人民邮电出版社,2017.

[2]Foran, Bill. 高水平竞技体能训练 [M]. 袁守龙,刘爱杰,译. 北京：北京体育大学出版社,2006.

[3] 吉尔摩-雷夫,T. A. 多尔尼耶,拉尼儿. 新体育概论终身身体活动理念、知识和实践 [M]. 于涛,燕子,梁国立,译. 北京：教育科学出版社,2015.

[4] 兰斯·利伯曼,霍利斯. 核心稳定性训练 [M]. 杨溪,译. 北京：人民邮电出版社,2015.

[5]E. 布朗,李. A. 费里格诺,万斯. 速度、灵敏和反应训练 [M]. 陈详,周亢亢,译. 北京：人民邮电出版社,2017.

[6] 美国国家体能协会（National Strength and Conditioning Association）. 美国国家体能协会速度训练指南：修订版 [M]. 沈兆哲,译. 北京：人民邮电出版社,2019.

[7]《辞海》编委会. 辞海 [M]. 上海：上海辞书出版社,1999.

[8] 陈萌生,陈安槐. 体育大辞典 [M]. 上海：上海辞书出版社,2000.

[9]Payne,Greg. 人类动作发展概论 [M]. 耿培新,梁国立,译. 北京：人民教育出版社,2008.

[10] 褚丽娟,窦永涛,岳鹏. 实用体能训练研究 [M]. 长春：东北师范大学出版社,2011.

[11] 段笑林,鲁自东,苏方山. 终身体育运动项目导读 [M]. 北京：海潮出版社,2001.

[12] 冯刚,王琳,薛锋. 实用基础体能训练 [M]. 北京：人民体育出版社,2020.

[13] 胡晓燕.体能训练教程[M].广州:广东高等教育出版社,2020.

[14] 黄鹏.运动体能实训指导[M].北京:化学工业出版社,2016.

[15] 季浏,胡增荦.体育教育展望[M].上海:华东师范大学出版社,2001.

[16] 金宗强,鲍勇.体能训练在竞技运动中的实验应用研究[M].天津:天津大学出版社,2018.

[17] 康利则,马海涛.体能训练理论与方法[M].西安:陕西人民出版社,2011.

[18] 李铂.实用体能训练方法[M].北京:化学工业出版社,2015.

[19] 李方江.人生的根基身体素质[M].芜湖:安徽师范大学出版社,2012.

[20] 李鸿江.青少年体能锻炼[M].北京:高等教育出版社,2007.

[21] 李明强,敖运忠,张昌来.中外体育游戏[M].北京:人民体育出版社,1999.

[22] 李雪.体育与健康[M].北京:北京工业大学出版社,2017.

[23] 梁培根.终身体育与健康[M].广州:华南理工大学出版社,1994.

[24] 刘振中,戴梦霞.身体素质教育论[M].广州:广东教育出版社,2002.

[25] 龙春生.体能训练法[M].沈阳:辽宁大学出版社,2009.

[26] 马文海.武术运动生物力学[M].开封:河南大学出版社,2010.

[27] 梅贵芳.五年制师范生体育意识培养的实践研究[M].太原:山西人民出版社,2014.

[28] 孟刚.身体素质教学理论与实践:全1册[M].贵阳:贵州人民出版社,2004.

[29] 孟国荣,张华,李士荣.基础体能训练方法解析[M].哈尔滨:哈尔滨地图出版社,2009.

[30] 全国体育院校成人教育协作组《身体素质训练法》教材编写组.身体素质训练法[M].北京:人民体育出版社,1999.

[31] 全国体育院校教材委员会.运动训练学[M].北京:人民体育

出版社,2000.

[32] 商宁. 身体素质 [M]. 石家庄：花山文艺出版社,2013.

[33] 宋文民. 实用身体素质练习与评价 [M]. 哈尔滨：黑龙江人民出版社,2007.

[34] 田麦久,武福全等. 运动训练科学化探索 [M]. 北京：人民体育出版社,1988.

[35] 王启明,曲宗湖. 大学体育新素质教程 [M]. 西安：西安电子科技大学出版社,2016.

[36] 王卫星. 高水平大学生体能训练的新方法 [M]. 北京：北京体育大学出版社,2013.

[37] 周全. 北京2008年奥运会对国民体育意识和体育行为影响的研究 [M]. 北京：人民体育出版社,2006.

[38] 王向宏. 体能训练理论与方法 [M].2版. 北京：北京航空航天大学出版社,2014.

[39] 王则珊. 终身体育：现代人生活方式的一种追求 [M]. 北京：北京体育学院出版社,1994.

[40] 谢敏豪. 大学生基础训练的人体科学原理 [M]. 北京：北京体育大学出版社,2005.

[41] 杨海平,廖理连,张军. 实用体能训练指南 [M]. 广州：广东高等教育出版社,2013.

[42] 杨海平. 实用体能训练指南 [M]. 广州：广东高等教育出版社,2013.

[43] 杨世勇. 体能训练学 [M]. 成都：四川科学技术出版社,2002.

[44] 张慧斌. 实用体能训练理论与方法 [M]. 北京：中国轻工业出版社,2010.

[45] 张建强. 大众体育体能训练理论与实践研究 [M]. 北京：人民出版社,2012.

[46] 张胜林,汪洋. 身体素质训练方法学 [M]. 兰州：甘肃教育出版社,2008.

[47] 张英波. 现代体能训练方法 [M]. 北京：北京体育大学出版社,2006.

[48] 赵光圣,刘宏伟. 跆拳道运动教程 [M]. 北京：高等教育出版社,2015.

[49] 赵焕彬,魏宏文.体能训练理论与方法[M].北京:高等教育出版社,2020.

[50] 赵琦.体能训练理论与方法[M].南京:东南大学出版社,2017.

[51] Suslov F.青少年身体素质发展的敏感期[J].刘继领,译.中国体育教练员 2006（1）:60.

[52] 库特萨尔,K.青少年大学生体能训练[J].国外体育科技,1991（1）:58-60.

[53] 陈静.武术套路运动协调能力的表现及其培养[J].搏击(武术科学),2012,9(7):50-53.

[54] 董小强,李业幸.武术套路运动中耐力训练的研究[J].桂林航天工业学院学报,2014,19(3):313-316.

[55] 杜海云,郎佳麟,吕慧.云南省五个民族学生身体素质敏感期趋势研究[J].中国校医,1997（5）:328-329.

[56] 杜新杰.竞技武术套路大学生柔韧素质的训练措施分析[J].体育世界(学术版),2019（8）:99,86.

[57] 冯国群.青少年速度素质敏感期运动处方的研究[D].石家庄:河北师范大学,2004.

[58] 郭建明,张小芬.新课标下小学体育教学内容的探索[J].体育学刊,2002（04）:130-132.

[59] 郝军龙,郝凤霞.青少年发育敏感期的体育训练与教学[J].少年体育训练,2008（4）:37.

[60] 侯彦楼,呼美兰.普通高校体育系武术套路专选班学生耐力素质锻炼分析[J].搏击(武术科学),2010,7(2):49-50,57.

[61] 胡奎娟.体育院校体能训练专业课程建设的探索与实践[J].体育科技文献通报,2018,26（6）:8-9,22.

[62] 及化娟,梁月红.青少年身体素质敏感期测定及其体育课程设置探析[D].长沙:湖南师范大学,2000.

[63] 江崇民,张一民.中国体质研究的进程与发展趋势[J].体育科学,2008,28（9）:25-33.

[64] 李晓通.试论协调素质在大学生竞技能力发展中的价值[J].文体用品与科技,2018（18）:21-22.

[65] 刘国峰,银小芹.浅析武术散打大学生专项耐力训练[J].中华

武术(研究),2011,1(4):53-54.

[66] 刘继领.青少年身体素质发展的敏感期研究[D].郑州:河南师范大学,2002.

[67] 刘薇.武术套路柔韧素质训练的方法研究[J].当代教研论丛,2018(11):116-117.

[68] 陆荣光.论武术大学生的速度训练[J].宁德师专学报(自然科学版),2002(2):182-185.

[69] 母顺碧.1985—2000年浙江省学生体质发展规律及动态研究[D].杭州:浙江大学,2002.

[70] 聂晓明.摔跤大学生的专项力量训练思路[J].体育风尚,2020(6):73.

[71] 王兴,蔡犁,吴雪萍,等.对竞技运动中体能训练若干问题的认识[J].上海体育学院学报,1998,22(1):30-33.

[72] 杨炯.武术套路运动协调能力的特殊表现及其培养[J].浙江体育科学,2008(5):62-65.

[73] 张慧珍,包金玉,吕永忠.摔跤大学生力量训练方法探析[J].文体用品与科技,2020(6):216-217.

[74] 张楠.对中学生身体素质敏感期的研究[J].绵阳师范高等专科学校学报,2000,19(5):66-69.

[75] 周君来,李爱春.6~22岁学生身体素质敏感期变化特征研究[D].杭州:浙江大学,2001.

[76] Welk, G. J. The Youth Physical Activity Promotion Model: A Conceptual Bridge Between Theory and Practice[J].Quest, 1999, 51(1):5-23.